魅せる沖縄

私の沖縄論

浅野　誠◉著

高文研

◉目次

第三章　沖縄・沖縄的を見る眼を再考する……89

第四章　多様な分野での沖縄・沖縄的……139

◉目次

カバーデザイン　藤森瑞樹
DTP組版　えびす堂グラフィックデザイン

はじめに

沖縄は実に豊かな魅力をもっている。それが沖縄内外の人々を魅きつけ、沖縄に魅せられる人をたくさん生み出してきた。沖縄にこだわる人、沖縄に「はまる」人、「沖縄病」の人も多い。そして何よりも、自分のアイデンティティを沖縄と結びつけて考え、沖縄を誇りに感じつつ、自らをウチナーンチュ（沖縄人）と呼ぶ人は数えきれない。と同時に、「ウチナーンチュとは何か。自分はウチナーンチュなのか、そうでないのか」と考え込んでしまう人もいる。

沖縄がもつ豊かな魅力には、沖縄の独自性とかユニークさといわれる肯定的なものだけでなく、沖縄戦・米軍基地に象徴される苦難が陰を落としている。そのため、沖縄とのつながりをもつ人にあっても、沖縄を避ける人、自らがもつ沖縄的なものを消そうとする人をも生み出してきた。と同時に、苦難があるだけに逆に一層沖縄にこだわり、向き合う人を生み出してきた。そして、沖縄に魅せられて移民先移住先から沖縄に戻る人、沖縄を旅する人、移住する人は多い。

そんな苦難を含んだ豊かさが、沖縄の魅力を生み出し、人々を魅せ、こだわらせる沖縄を生み出してきた。そうした魅せる沖縄、魅力をもつ沖縄を生みだしてきたもの——これらを本書では、沖縄・沖縄的といった用語で表現する——について、一〇〇〇年近くの沖縄史の検討もふくめて、多分野にまたがって考えていきたい。

宮古島出身者との結婚をきっかけに、沖縄の「日本復帰」直前の一九七二年四月に、パスポートとビザをもって沖縄生活を始めた私だが、当時は、沖縄についてわからないことだらけだった。見るもの聞くもの体験するもの、ほぼすべてが驚きに満ちていた。沖縄にかかわる多様なものが連続して、私に襲いかかってきた。

青年期だった沖縄生活当初においてだけでなく、四五年余りたって老人期にある現在に至るまでもなお、私は沖縄に魅せられ続け、沖縄にこだわって考え仕事をするだけでなく、自己のアイデンティティをも豊かにしてきた。

その魅せる沖縄、魅力ある沖縄について、読者とともに掘り下げていきたい。

二〇一七年末　浅野　誠

沖縄がつながる世界
ユーラシア大陸
中国
朝鮮・韓国
日本
北海道
本州
九州
四国
東京・江戸
京都
大阪
薩摩
沖縄
奄美
本島
宮古
八重山
台湾
東南アジア
タイ
ベトナム
フィリピン
インドネシア
太平洋の島々
ハワイ
アメリカ大陸
アメリカ
ペルー
ブラジル

第一章

沖縄とは

1．いろいろに語られる沖縄

沖縄にかかわる言葉は実に多様

「沖縄」という言葉は、沖縄内だけでなく沖縄外でもよく出会う。「沖縄に関係のある言葉をあげてみなさい」といわれると、ヤンバルクイナ、沖縄そば、サンゴ礁、空手、ハブ、米軍基地、沖縄戦、芭蕉布などと実にたくさんの言葉がでてくる。単語一つではなく、「青い海や台風の通り道をイメージさせる沖縄」「『命どぅ宝』（命こそ宝だ）は沖縄の人の心を表現する言葉だ」などの文章も出てくる。

こうした文章や言葉に、沖縄にかかわる何かを思い浮かべ、それについて何かの印象とか思いとかを持つ人が多い。沖縄に住んでいる人、沖縄で生まれ育った人は言うまでもないが、沖縄になにかしらの関わりを持つ人、さらには、沖縄に関心を多少なりとも持つ人なら、そうだろう。また、何人かで話すときに、「沖縄らしさ」「沖縄的なもの」が話題になり、それをきっかけにして、その言葉が指すものについての、さらには沖縄についてのなんらかの思いや考え、さらに行動を呼び起こすことも多い。

沖縄外にいる人でいうと、「沖縄関連の本を読む」「沖縄観光に出かける」、なかには「移住する」といった人々が出てくる。また、沖縄戦や基地にかかわる沖縄の難題を、我が事のように感じ、沖縄のために貢献しようとする人もかなりいる。また、沖縄内にいるいないにかかわらず、沖縄にアイデンティティを持ち、「沖縄」を誇らしく感じる人は、現在の沖縄県人口の一五〇万足らずをはるかに超える数になるだろう。

と同時に、「沖縄」「沖縄らしいもの」「沖縄的なこと・もの」に嫌悪感を持つ人もいる。差別的な言葉に出会った時、反発する人は多いが、なかには、委縮して自分がもつ「沖縄らしさ」を隠す人もいる。そのためか、「沖縄らしさ」を否定し、「くしゃみ」も「大和※」風にしようという発言さえ飛び出したことがある。

※沖縄には、日本を大和（やまと）と呼んできた長い歴史がある。

そして、「沖縄らしい」といわれることから脱け出そうとする。戦前には沖縄らしい姓、たとえば小橋川を小川に変えるような改姓運動もあった。姓だけでなく、地名も含めて読み方を変える動きは、数えきれないほどだ。金城の読み方を「かなぐしく」から「きんじょう」というように。

そして、「沖縄」「沖縄らしさ」「沖縄的※」について、話す人・聞く人によって微妙な違いがあり、時にはその違いに基づくズレや対立が生まれることさえある。たとえば「沖縄」を使うか「琉球」を使うかに強いこだわりを持つ人がいる。また地域性、ジェンダー性、世代性がからむことも多い。たとえば、「島尻」というか「南部」というか、あるいは「山原（ヤンバル）」というか「北部」というかは、人によって、そこに込める気持ちが異なる。

※「沖縄らしさ」「沖縄っぽさ」「沖縄特有」「沖縄的」などの表現は、以後「沖縄的」の用語にまとめて書いていく。

いろいろに語られる沖縄・沖縄的

このように沖縄・沖縄的が意味するものは、語り手聞き手によって、話題によって場によって様々だ。また、沖縄以外とは異なるという意味を含む。だが、その沖縄以外のものにはいろいろある。たとえば琉球舞踊で「他府県と異なる沖縄的なもの」があるというように、他府県と比べての表現がある。だが、琉球舞踊のなかに他府県にはないが、アジアのどこかで見られることがある。その逆に、他のアジア地域にみられないが、他府県と共通するものもあろう。となると、他地域との違いをもって、沖縄的という場合には、どの地域と異なるかを明瞭にする必要がある。と同時に、違いだけでなく、他地域との共通性にも注目する必要がある。

また、沖縄内で一様であるというのでなく、沖縄内での違いが大きい場合、どう表現するのだろうか。言葉を例にとると、沖縄語、琉球語、沖縄方言、琉球方言、ウチナーグチ、シマクトゥバ、それらのうちどの用語を使用するかの違いは、語る人の立場・主張だけでなく、語られる条件・文脈からも生まれてくる。たとえば、ウチナーグチというと、自分たちの言葉は含まれないと感じ、シマクトゥバという言葉を使用したいと思う宮古八重山の人がいよう。「沖縄方言」というと、標準日本語より下位に置かれていると感じ、日本語と対等の感覚を持たせるために、「沖縄語」を使用する人もいる。

こうした複雑さへの対応が必要だ。話は飛ぶが、「かりゆしウェア」には多種のものがあり、さらに、沖縄地域以外で作られるものもあった。そこで、その定義を「沖縄製で沖縄らしいデザイン」にしたことが報道された。

沖縄らしさは、かりゆしウェアのような具体物を指して使うだけでなく、ふるまい方・やり方などを指して使うことがある。たとえば、「亜熱帯沖縄らしく明るい雰囲気」「アラッパー（おおらかな）なやり方は沖縄らしい」といったことを耳にする。

どうして沖縄的が話題になりやすいか

では、沖縄的といった類の言葉が使われるのは、どんな時と場だろうか。本章末のコラムに書くような私自身の体験をもとに岐阜・愛知・東京と比べてみると、沖縄において、とりわけて強烈に沖縄的が話題になる。

そんな場は、世界を見渡すと、いろいろとある。私が少しだけ知っている例をあげると、アイヌの人々、太平洋の島々の人々、フィンランドの人々、ネパールの人々、先住民族をはじめとするカナダの人々。

それらの地域では、他地域との関係が、ある時期に劇的に変化させられたところが多い。その変化は、たいていは侵略勢力が現れ、その地域を支配することで作り出され、その地域と居住者のアイデンティティが問われる事態が生まれた。それ以前に、その地域の居住者に、共通の地域観念とかアイデンティティがあったとは限らない。その地域の中にも多様な人々がいたが、外部からの支配者が現れることで、共通の地域観念・アイデンティティが生まれ強められることが結構ある。

そして、外部からの支配者が、国家をめぐる問題を突き付けることがある。とくに、ここ二〇〇年足らずの間に国民国家という観念が広がったが、帝国主義として、地球上の諸地域を植民地として奪い合い分割する歴史の中で、地域の居住者が自らの地域の主導権をとれないことが多発した。沖縄もこうした地域の一つといえよう。だから、沖縄・沖縄的とは何か、というテーマが成立したともいえよう。

2. 「沖縄」という用語と「琉球」という用語

「沖縄」という用語と「琉球」という用語

「沖縄」という用語と並ぶものとして、「琉球」がある。両者の語源については他書に譲って、ここでは各々の使われ方の歴史、各用語に込められたことについて、少しだけ見ておこう。

まず、「琉球」だが、一四〜一九世紀には、次の文が示すように、「沖縄」用語より多く使われた。

（一五世紀の琉球王国成立にともない）沖縄本島とその周辺島嶼、先島そして奄美のすべての島々を総括できる名称、すなわち琉球国王が支配するテリトリー名を必要としていた。そのさいに統治者は自前の造語を用意せず、中国人が命名した島嶼群の名をそのまま踏襲して「琉球」とよぶようになった（安里進・高良倉吉・田名真之・豊見山和行・西里喜行・真栄平房昭『沖縄県の歴史第2版』山川出版社、二〇〇四年、一〇ページ）。

つまり、中国との関係で使用されはじめ、琉球王国との結びつきのなかで使われたというわけだ。

こうした歴史をもつ「琉球」という用語は、近代以降になると、日本との結びつきを弱める意味で使われることもあった。たとえば、戦後の米軍統治者は、「沖縄」の使用を避け、意図的に「琉球」を使用することが多かった。琉球政府とか琉球大学というように。

沖縄用語が広く使用されるのは一九世紀後半以降であり、日本との関係のなかで使われることが多かった。明治政府＝沖縄県庁による統治のなかでは、「琉球」用語ではなくて「沖縄」用語の使用が基本とされた。たとえば、沖縄教育会機関誌『琉球教育』に一八九五〜一八九七年と長期連載された、新田義尊「沖縄は沖縄なり琉球にあらず」は、日本とのかかわりが深いことを強調し、「琉球」用語を使わず「沖縄」用語の使用を説く。

また、戦後の「祖国復帰運動」のなかでは、米軍がしきりに使った「琉球」という用語ではなく、「沖縄」という用語を意図的に使用することが圧倒的に多かった。「沖縄」用語の大きな問題の一つは、長い間、先島（宮古・八重山）や奄美を含むものではなかったことにある。明治期以降になると、先島でも「沖縄」用語が使用されるが、行政との関係の臭いがする使用法だ。

現在では、琉球と沖縄の両者とも使用されるが、使用する人による違いだけでなく、使用される場の違いが存在する。日常的使用は、沖縄の方が多く、琉球は改まった使用になることが多い。といっても、琉球音楽、琉球舞踊など日常生活に溶け込んだ琉球用語の使用もある。

ところで、琉球にしろ沖縄にしろ、地域を指す言葉に限らないで、中国や日本という用語と似て、国家や民族を指す言葉として使われることがある。そのために、政治レベルでは、琉球ないしは沖縄が、日本に属するのか中国に属するのか、それとも独立民族として独立国家をつくるのか、という問題設定がなされることもある。そのなかで、「琉球」用語が国家論と結びつきやすいのと対照的に、国家論から距離を取りたい人が「沖縄」用語を使うこともある。だが、琉球にせよ沖縄にせよ、国家・民族レベルで使わなければならないというものでもない。

沖縄料理と琉球料理

ここで日常用語の一例として、沖縄料理と琉球料理という言葉の使い方をみてみよう。二〇一五年六月二九日の沖縄タイムスに、那覇市文化協会文芸部会主催の「郷土料理・琉球料理の世界」と題した座談会の記事がある。何カ所か抜き書きしよう。

> 琉球料理の定義について尚さんは「冊封使歓待などに振る舞う宮廷料理と、地域に残る庶民料理を琉球料理とひとくくりにするのは無理がある」と指摘
>
> 松本さんは琉球料理を宮廷の流れをくむ料理と庶民料理に大別した上で「戦後普及した缶詰めなど、外来の食材を取り入れた料理をうちなー料理と呼ぶ」と持論を展開した
>
> 調理法について西大さんは「(中略)和食との共通点がありつつ、(中略)和食・中華とも違う沖縄独自の文化」と話し

また、次のような用法もある。琉球料理の研究家である著者の母が語ったこととして、「琉球料

理と沖縄料理は、ちょっと捉えるニュアンスが違います。一般的な郷土・家庭料理を指すのが「沖縄料理」。「琉球料理」は、琉球王朝時代の宮廷料理を示します」（安田未知子『沖縄ハーブ健康法』WAVE出版、二〇一五年、九五ページ）というのである。

以上には、「沖縄と琉球」という用語をめぐって、次のようにいくつかのことが表れている。

（1）これらの料理を総称する用語として、「沖縄料理」「琉球料理」の双方が使われていること。「郷土料理」という表現も登場する。

（2）これらの料理を区分する用語として、宮廷料理と庶民料理がでてくるが、前者を琉球料理、後者を沖縄料理と呼ぶ用法、また後者のなかの庶民料理のなかの特定のものを「うちなー料理」と呼ぶ用法があること

（3）和食・中華と対比して「沖縄独自の文化」という用例が登場すること。

以上には、「琉球」「沖縄」さらに「ウチナー」という用語がもつ微妙な違いが反映している。おおまかにいうと、琉球という用語には、宮廷料理につながるような高尚であらたまったもので、時には自分とは遠いものに感じる人がいよう。「沖縄」「ウチナー」、とくに「ウチナー」には、身近な日常的なものを感じる人が多そうだ。

このあとの論では、以上のことを踏まえつつも、現在の慣習的使用法に従うことにする。

3. 沖縄・沖縄的は生成変化していくもの

沖縄・沖縄的への価値判断、好みによる選択

沖縄・沖縄的については、正しいか正しくないか、良いか悪いか、好きか嫌いかなどの価値判断や好みによる選択を伴うものが多い。そうしたことが多いのが沖縄的特性だといえるかもしれない。

とはいっても、「○○という植物が生育するのは、亜熱帯の沖縄らしい」というように、価値判断にかかわりない表現もある。なかには、価値判断を含んでいるにもかかわらず、中立の装いをするものもある。たとえば、「沖縄は遠い」という表現は、ただ「遠い」という距離を示すだけとは限らない。東京などの「中心的なものから遠い」ということで、否定的な雰囲気を伴うことがある。かつてよく目にした「沖縄は僻遠の地だ」という表現には、否定的な感じが一層鮮明だ。

では、肯定的な意味を含んで使われる表現の例を並べよう。

・米軍統治下だが、琉球独自の文化の尊重が強調された。
・近年、沖縄独自・琉球独自の音楽芸能工芸の素晴らしさが強調され、人気が高まっている。

これらは、沖縄的を守り発展させる動きを作りだそうとする。次に、否定的な意味で使われた表現の例を並べよう。

・ウチナータイム（沖縄時間）といわれるほど、時間にルーズだ。
・ウチナーヤマトグチ（沖縄なまりの標準語）になって、「正しい」使い方が出来ない人が多い。

これらは、沖縄的を克服する、あるいはそこから脱出する動きを作りだそうとする。

そして、沖縄的としての事実認識が同じでも、その評価が分かれることもしばしばだ。身近な例を取ると、「時間にあくせくしないで、ゆったりしている」という発言と、「時間にルーズで、期限を気にせずに仕事をすすめがち」という発言とが、同じことを指して言われることがある。「車間距離をとり、制限速度を守る安全運転をする人が多い」と「ヨーンナーヨーンナー（ゆっくりゆっくり）な運転で、後続車両をイライラさせる人が多い」という発言も、同じことをめぐってなされる。

これらは、沖縄・沖縄的にかかわって、どのような考え方をするかという立場で大きく異なってくる。また、時代背景によっても異なってくるだろう。とくに、沖縄・沖縄的をどのようにしていこうとするかという意思によって異なってくる。たとえば「ゆっくり運転」を肯定的にとらえる人は、それを奨励促進するだろうし、否定的にとらえる人は、それをやめさせようとするだろう。

なかには、沖縄・沖縄的が見つかれば、大半のものを肯定的に評価する人もいれば、対照的に大半のものを否定的に評価する人もいよう。

こうしたものであるだけに、沖縄・沖縄的は、単なる好き嫌いを越えて、社会運動を作りだすことも多い。たとえば、近年の肥満傾向・メタボ傾向増大は、「もともとの沖縄的」ではない戦後アメリカ食の影響が大きいと考え、生活習慣病を減らし健康長寿を回復するために、食習慣改善をすすめる社会運動が展開されている。

「なる」「できあがる」と「つくる」との違い

こうした沖縄・沖縄的は、いつどのようにして現れてきたのだろうか。それに関心をもち、ルーツを探ろうと調べる人がいる。たとえば「沖縄人はどこから来たのか」に深い関心を持つ人、また三線、沖縄そば、赤瓦などのルーツを知ろうとする人がいる。

そうした関心を持つと、それらをいつ誰が作ったのかを探そうとするが、そこにいくつか疑問が生まれる。沖縄を作るといっても、「作れるのか」「作る、というよりも、押しつけられたのではないか」「作れるとしたら、自分自身も参加できるのか」「沖縄的は一つでいいのか、いくつもあっていいのではないか。実際、いくつもの沖縄的が存在しているのではないか」「好みがあり、好きな沖縄と嫌いな沖縄があるのではないか」………。

そこで、一つの示唆に富む意見に注目したい。私は、それに四〇年ほど前に出会い、大変な刺激を受けた。それは次のようなものだ。

国家主義的な言辞をろうし、こうあるべきだ、ああすべきだと沖縄人が日本人としての意識に欠けるというようなことをいいたがる大和人の郡長がいた。すると先生はこれを評して、国の風俗習慣は、なる（become）ものであって、作る（make）べきものではない。郡長などがおこがましくも作ろうとするのは笑うべきことだといった（比嘉春潮「年月と共に」『比嘉春潮全集』第四巻沖縄タイムス社、一九七一年、二一八ページ）。

これは、明治四三（一九一〇）年に、沖縄学の父とも呼ばれる沖縄研究の先駆者である伊波普猷《いはふゆう》が、弟子ともいうべきで沖縄研究を志し始めた比嘉春潮《ひがしゅんちょう》らに語った言葉だ。外部から来たものが、風俗習慣を押しつける形で「作る」ことを批判し、風俗習慣は民衆の生活に根ざして「なる」ものだ、と述べているのだ。「なる」は、「できあがる」といってもよいだろう。

「なる」「できあがる」（become）というのは、「自然にそうなる」という意味合いをもつ。その自然という言葉には、「自ずから然る」という意味があり、外側からではなく、内側の動きのなかで、できあがっていくという意味合いがある。「人々の生活のなかでの必要をもとにして、自然にできあがっていく」というものだ。

「なんくるないさ」は、「なんとかなるさ」に近い消極的な意味を持つと思われているが、ここで述べたように、「自然の流れに合わせて歩む」という積極的な意味で、とらえてはどうだろうか（「なんくるないさ」については、第六章でも触れる）。

これらをまとめていうと、沖縄を「作る」ということは、外側からの働きかけによるものだが、そうではなく、内側から出て来て、「なる」「できあがる」ものとしての沖縄というとらえ方が重要だ、というのである。

その「なる」「できあがる」は、内側の人々の日常の営みの積み重ねによるものだが、その営みは、意識するしないにかかわらず、人々の「作る」営みだともいえよう。自然になされる「作る」ことの日常の営みの蓄積が「なる」「できあがる」という形で結実するわけである。

そして、次のようにもいえるだろう。

これまでの歴史の中で、そしてこれからの歴史においても、外部からの権力が作ろうとしてきたものに対して、沖縄の人々自身がなりたいもの（作りたいもの）とのからみあいのなかで、沖縄ができあがってきた、できあがっていくととらえるのだ。無論、外部権力と人々とのからみあいという単純な図式で描けるものばかりではない。外部権力にしても人々にしても多様なものがあり、両者のからみあいだけでなく外部権力相互の、人々相互のからみあいもある。

図式上では、外部権力から押しつけられたもの、生活から発する人々のもの、この両者のからみあいというのが単純でわかりやすい。そして、「外部権力によって作られる沖縄から、人々自らが作る沖縄へ」という図式がわかりやすいので使われそうだ。だが、現実はもっと複雑なのだ。

そこで仮に「作る」という言葉を使うとしても、沖縄はどう作られ（できあがっ）てきたか、沖縄がどう作られ（できあがっ）ていくか、という問いが重要になってくる。

沖縄・沖縄的を生成変化消滅するものとして見る

沖縄・沖縄的が「できあがる」「なる」、あるいは「作る」にせよ、あるいは抑制消去克服し、そこから脱け出そうとするにせよ、誰が推進するのかを問う必要がある。それには、沖縄外にあるものであったり、沖縄外から沖縄にやってきたりすることもある。また、人物であることもあれば、組織やシステムであることもある。さらに、特定の限定された沖縄的が対象になることもあれば、沖縄各地に見られる特定しにくいものが対象になったり、島ぐるみというような広がりを持ったりすることもある。

また、「やろう」「やれ」という者と、実際に「やる」ものとが一致するときもあれば、両者が異なる場合もある。二〇世紀に入ってから長く行われてきた「方言禁止・共通語強制」を例にとっていうと、指示命令する人たちと、その対象となる一般人や子どもとは別なのだ。そして、指示命令にもとづいて現場で推進する教員たちにも注目を向けることが必要だ。

沖縄的なものを、首尾一貫して存在してきたと思いこんでしまうことを見かけることがある。沖縄的は、そうではなく、いつかどこかで生成し、いつかは消滅するものだ。そして、生成と消滅の間に多様な変化がある。だから昔から変わらずあるものではないし、永遠に続くものでもない。たとえば、「方言禁止・共通語強制」が徹底し、「方言衰退」が「方言消滅」の傾向さえ見せている近年になって、逆に「シマクトゥバ」を重視する動きが広がり始めている。また、変化・消滅が、転形や統合という形でなされることもある。

だから、一つひとつの沖縄的を全面肯定、全面否定、あるいは絶対化固定化するのではなく、生成変化消滅という流れの中で見ていくことが重要だろう。無論、不当に否定されてきたものを明らかにし、それを正当に評価し、必要があれば復活保存させることも重要だろう。

本論は、沖縄・沖縄的にかかわる論を、私の現在の力量と視野で可能とされる範囲で、できるだけ多様な分野を見つつ書いていくものだ。そして、それらを通して、沖縄が直面してきた、あるいは直面している課題の解明につなげていきたい。それは、沖縄的のなかで、どの部分が強められ、どの部分が弱められてきたか、あるいはその生成変化消滅がどのようになされたのかを解明することにかかわる。

これらのなかで、沖縄的を強めようとする、いわば「沖縄独自」追求型、それと対照的な沖縄的を弱め、それから脱出しようとする、いわば「沖縄脱出」追求型、この両者のせめぎあいからみあいが、歴史的にも現在の沖縄においても、多様な面で展開していることを明らかにしたい。こうしたことをテーマとして提起できること自体が沖縄的特性を示すといえるかもしれない。

「沖縄独自」と「沖縄脱出」という二つの型以外の道の存在と将来可能性を探る必要もありそうだ。そのための視点の一つとして、沖縄に流入してきた多様なものをチャンプルー（混ぜ合わせ）にして沖縄的なものにしてきたことに注目したい。また、今後においても、沖縄と沖縄以外のものとを並存させるとか、チャンプルーにして発展させる道は、十分に考えられる。たとえば、アジアと沖縄、九州と沖縄……といったものは思いつきやすいだろう。あるいは、「亜熱帯での暮らし」「沖縄を軸にした物流産業」「多様な文化・言語・産業をもつ人々の共同」「他地域との文化協同の道」といったものを想定できるかもしれない。それらには、沖縄と他地域との関係というだけでなく、与那国と台湾といったように、より限られた地域単位での関係が存在することも重要である。

ところで、研究書や研究論文を見ると、特定の分野・対象での沖縄把握や沖縄論が多いが、分野・対象をまたがって論じるものは多くない。各分野の構図には共通性があるとともに、分野ごとの差異も多い。だから、それらを比較して、あるいは横断して検討することが有意義であるにもかかわらず、意外に少ない。本論では、横断した検討を試論風に進めたい。といっても、このように書いている筆者自身も、このような課題追究の蓄積は弱く、未熟なレベルにある。だから、随所に分野別記述を越えられないことがみられようが、お許しいただきたい。

同様に、過去（歴史）と現在（課題）と将来（展望）とを結びつけた研究も多くはない。本論は、かなり試論風だが、歴史と課題と展望とを結びつけることに挑みたい。

4．ウチナーンチュ（沖縄人）とウチナー（沖縄）アイデンティティ

ウチナーンチュの定義

沖縄居住者や沖縄にルーツをもつ人を指す言葉は、「ウチナーンチュ」「沖縄人※」「沖縄県民」をはじめとして多様だし複雑だ。『沖縄人はどこから来たのか』（安里進・土肥直美、二〇一一年、ボーダーインク）といったタイトルの書籍があるが、「沖縄人」をどう規定するかによって、問題設定そのものが大きく変化する。「どこから来たか」というからには、おそらくは「移住」を前提にしているわけだが、どの時点で「移住前の〇〇人から沖縄人になったのか」という問いも生じる。

近年増加している、沖縄人と非沖縄人との間に生まれた子どもは、沖縄人なのかどうか。祖父母までは代々沖縄で生活してきたが、父母の代から沖縄外に居住し、沖縄には旅で数回しか訪問したことがない沖縄外在住者はどうなのか。世界のウチナーンチュといわれるが、どこまでがウチナーンチュなのか、といった問いなどが、連鎖的といっていいほどに発生する。

そこで、戸籍や現住所で定義しようという考えも生まれてくる。また、「三世代以上にわたって、沖縄に住んできた人」といった類の定義も生まれてくるだろう。それらにしても、すっきりとはいかないから、「仮の定義」ということになりそうだ。

それらには、「自分自身を沖縄人と規定するかどうか」というアイデンティティ問題がつきまとう。そこで、「自分が沖縄人であると規定する人が、沖縄人である」という定義が生まれるかもしれない。これなどは、極めて主観的なものだと思われる。だが、沖縄にかかわる社会的な運動も文化的な運動も、沖縄にかかわって共有する認識を前提にしているものが多いから、いずれにしても主観的だともいえる。

加えて、沖縄在住の人々の大半が、沖縄人としてのアイデンティティを持つに至る歴史的経過についての次の記述に留意したい。

古琉球（中世）から近世、そして近代までの長期にわたって、沖縄に住む人びとの直接的な生活単位はシマ※（近世では村、近代以降は字とよばれた）であった。人はある特定のシマにうまれて成長し、シマのなかから伴侶を得て、子どもを育て、そしてあの世へと旅立った。むろん、彼や彼女の亡骸をおさめる場所は、シマの一角に存在する先祖代々の眠る共同墓であった。年間をつうじての行事や祭りもシマ単位で行われるものであり、生活者にとってみればシマは一種のミクロコスモスといえた。（中略）

ウチナーンチュ（沖縄人）という意識は、シマンチュ（シマの人）意識が強固なあいだは発生しにくく、むしろシマンチュ意識が現代化や都市化の過程で希薄化するプロセスをつうじて登場したところの、自己主張の新しい概念といえるかもしれない（前出『沖縄県の歴史』八ページ）。

※沖縄人（ウチナーンチュ）という用語は、八重山の人（ヤーマンチュ）、宮古の人（ミャークンチュ）を含みにくいのをはじめとして、検討すべき多様な問題が含まれている。しかし、沖縄人（ウチナーンチュ）用語が広く使用されていることを踏まえて、本論ではこれらの呼称を使っている。

※沖縄の集落（自然村）のことを、引用文にあるように、地元ではシマと呼ぶ。島とは別のものである。

沖縄人であることをめぐる否定的体験

さらに、沖縄人であることを肯定的にとらえるウチナー（沖縄）アイデンティティを持つ人ばかりでないことが、事態をより複雑にする。歴史的に見ると、沖縄人であることを隠そうとする人、あるいは、沖縄人であることから脱け出そうとする人がいた。戦前戦中戦後の台湾で、沖縄人リーダーの役割をとった一人の川平朝申《かびらちょうしん》は、台湾で、本籍地を沖縄から東京などの沖縄外に移した沖縄出身者を「転籍民族」と呼んだ。

この問題には、「沖縄独自―脱出」の構図がからみ、さらに外部からの沖縄支配がからむことが多い。そこには外部からの支配に応じて、支配を支える沖縄内部での社会的リーダーと目される人が存在してきたが、その人たちの沖縄アイデンティティについての言動が重要な役割を果たしてきた。

その例として、改姓がある。戦前期、また戦争直後に行われた改姓には、沖縄から脱け出る意味合いを含んだものが多い。表向きは「難解な姓」を変えるという理由ではあるが、それには、沖縄人であることを示唆するような姓を表明すると、社会的不利を惹き起こす体験が結びついている。だが、そうした改姓をしたといっても、沖縄への愛着を残す場合も多い。脱沖縄といっても、完全に脱沖縄してしまうことを保留し、どこかに沖縄を残す人も多いのだ。

それらには、差別を含めて否定的体験がからんでくる。比嘉春潮の次の文は、それを物語る。沖縄近代政治史ですぐれた研究をしている波平恒男《なみひらつねお》のコメントも含めて紹介しよう。

韓国併合条約が発効したのは一九一〇年八月二九日のことだが、それからおよそ一週間後、沖縄において小学校の教員をしていた若き比嘉春潮は、九月七日の日記に次のように記している。

去月二十九日、日韓併合。万感交々至り、筆にする能はず。知り度きは我が琉球史の真相也。／人は曰く、琉球は長男、台湾は次男、朝鮮は三男と。嗚呼、他府県人より琉球人と軽侮せらるる、又故なきに非ざる也／琉球人か。琉球人とて軽侮せらるるの理なし。されど理なければとて、他人の感情は理屈に左右せらるるものにあらず……ああ琉球人か。されど我等の所謂先輩は何故他府県にありて己の琉球人たるを知らるるを恐るるか。誰か起ちて〈我は琉球人〉と呼号するものなきか。……／吾は、意気地なき吾らの祖先を悲しみ、意気地なき吾等の先輩を呪ひ、意気地なき吾自身を恥づる也。

これは韓国併合の報に接して、つまりは朝鮮が公式に日本帝国の領土になったことを知った比嘉が自らの心境を記した一節であるが、（中略）琉球処分後の沖縄人の歴史体験に照らして、朝鮮と朝鮮人の行く末がとても他人事とは思えなかっただろう様子や、同情しても如何ともしがたい自己の立場や同胞の無力な境遇へと想いは飛び、憤懣とも悔恨ともつかない悲痛な心境のうちに沈思したことが読み取れる（波平恒男『近代東アジア史のなかの琉球併合』二〇一四年、岩波書店、三四七ページ　比嘉春潮の日記は、前出『比嘉春潮全集』第四巻、二一六ページ）。

沖縄人であり日本人である

沖縄人のアイデンティティに関して、林泉忠《リムチュアンティオン》（当時琉球大学助教授）らが二〇〇三年に行った沖縄住民に対して行った調査は次のような結果を提出している。

「あなたは、沖縄に住む住民は沖縄人だと思いますか、日本人だと思いますか？」という質問に対して

沖縄人　二七・五％　日本人　二八・八％　沖縄人で日本人　四一・八％　わからない一・九％という回答である（沖縄タイムス　二〇〇四年七月七日掲載、林泉忠「沖縄人アイデンティティー　比較の視点から」）。

この調査が示すように、沖縄住民には、「沖縄人であり日本人でもある」というアイデンティティを持つ人が多数いる。そこには「沖縄人であることと日本人であることとは二者択一で、どちらか

を選ばなくてはならないというものではなく、双方を同時もっていてよい」という理解が前提にある。

父がアメリカ人で母が沖縄人である人は、双方の姓を保持するだけでなく、ファーストネームにアメリカ名と沖縄（日本）名を持ち、沖縄人でありアメリカ人であるというアイデンティティをもつことが多いが、それに類することだ。

さらには、沖縄的であることが実はまさしく日本的であるという捉え方も強力に存在してきた。詳しくは第五章で述べよう。

5．ウチナー（沖縄）アイデンティティの創造

ウチナー（沖縄）アイデンティティの創造

アイデンティティの問題は、どんな時にどんなモノにどんなコトに沖縄アイデンティティを感じるのか、という問題につながる。例えば、「琉球音楽」「沖縄音楽」にアイデンティティを感じる人は多いだろう。あるいは、東京などに出かけて、いろいろな出会いがある中で、逆に沖縄にアイデンティティを感じる人も多い。また、移民先での他府県出身者との関わりで、沖縄アイデンティティを感じる人も多い。

それらの際には、沖縄アイデンティティを強化する方向なのか、沖縄アイデンティティを消去する方向なのかの違いも出てくる。沖縄音楽の曲作りにおける沖縄アイデンティティについて、音楽

研究者であるマット・ギランは、奄美の音楽家である坪山豊にかかわりつつ、次のような興味深い指摘をしている。

坪山は地元（奄美地方）向け、本土向け、沖縄向けなど、聴衆や演奏する場によって意識的に音階を区別し選択していることが明らかである（マット・ギラン「沖縄の宝――沖縄音楽における伝統と革新」勝方＝稲福恵子、前嵩西一馬編『沖縄学入門』二〇一〇年、昭和堂、一〇四ページ）。

さらに、「島歌」の作曲者の宮沢和史に触れつつ、次のように述べる。

宮沢は一曲のなかに沖縄のアイデンティティ、また沖縄に対する日本本土のアイデンティティを組み込み、曲を完成させている。このように曲中の音階を使い分けるという行為によって、間接的にこれら歴史への疑問を提起するという社会的な意味を持たせているのである。（中略）言語の使用と同様に、音階の使い分けによる文化的ディスコースが多く見られる。（中略）「鳩間節」や「イトゥ」の様に、元来は律音階であった歌を、より日本本土的にするために都節音階へ変更する例は、沖縄音楽のもう一つの側面である。これらは、沖縄の音楽を代表する琉球音階を含めた「音階」が、沖縄アイデンティティを表現する手段として広く県内外で使用されていることを物語っている（同前一〇五～六ページ）。

重要なことは、これらには、アイデンティティを守り継承することだけでなく、アイデンティティを創造することが強烈に存在していることである。沖縄は新たなものを築きだす基盤を豊かに持っている点が沖縄的だといえるかもしれない。

ところで、アイデンティティの起原には、（1）ルーツ（血統）に求める＝客観性、（2）縁に求める＝主観性、いいかえると自らがウチナーンチュだと認める、という二つのタイプがあると見てはどうだろうか。

そして、（1）には「ルーツをもちながらも拒否・脱出する」ことがあるし、（2）には「ルーツはもたないが縁とアイデンティティ意識が強く、沖縄に対して肯定的かかわりをもつ」ことがある。

そして、アイデンティティは、それを持つ当人自身の変化に伴い変化する。たとえば、世界のウチナーンチュ大会にかかわって、ウチナーに目覚め、みずからをウチナーンチュととらえてみようとするのは、その一つだろう。あるいは、一九四〇年ごろ、改姓することで沖縄から脱けでて日本人になったと自認するのもそうだろう。

その際、歴史的背景として近代への移行があることを視野に入れたい。それは、近代において、人々が個人としてアイデンティティ問題に直面することが一般化したからである。

その一つに、国民国家の成立とともに、日本・日本人という存在との緊張関係が個人のレベルで成立したことがある。そして、近代個人が成立し一般化するなかで、ウチナーンチュであるかどうかは、血族（親族）による判断から個人による判断へと移行し始めたことがある。そこで、個人判断という近代的なもの、つまり当人の自由意思によって選択するものでありながら、全員参加型の地域意識ともいいうるウチナーンチュ意識によって立つという二重構造が広がってきた。

こうした変化と多様さのなかで創造されているウチナーアイデンティティを集約的に表現するものとして、次の宣言がある。

「世界のウチナーンチュの日」宣言

（中略）

我々ウチナーンチュは、郷土を愛する心を持っている。

我々ウチナーンチュは、平和を愛する心を持っている。

我々ウチナーンチュは、ウチナーンチュであることに誇りを持っている。

ウチナーンチュは一つになる。

五年の時を経て、今日、また、世界中からウチナーンチュが集い、心が一つになった。

ウチナーンチュがウチナーンチュであることを祝おうではないか。

ふたたび世界中からウチナーンチュが集まった今日一〇月三〇日を祝い、「世界のウチナーンチュの日」としようではないか。

今日一〇月三〇日を「世界のウチナーンチュの日」とし、この誇りを我々ウチナーンチュの魂に刻み込もうではないか。（後略）　沖縄タイムス、二〇一六年一〇月三一日二〇一六年沖縄県民意識調査によると、「沖縄県民であることを誇りに思うか」という質問に対し、「とても誇りに思う」と答えた人は五三・〇%、「まあ誇りに思う」と答えた人は三三・三%(琉球新報社『二〇一六沖縄県民意識調査報告書』琉球新報社、二〇一七年、二三ページ)と、双方を合わせると八三・六%にもなり、とても高いことが注目される。

アイデンティティ創造の多様な試み

ウチナーアイデンティティとか、ウチナーンチュの特性については、実に多様な事が言われている。次は、その一例だ。

沖縄人が海外に移住したときに、その国や地域の生活様式によくなじみ、違和感をあまり感じることなく、どちらかというと伸び伸びと暮らしていくという、開放的な性格は認めていいように思う。自らの出自に忠実であったりこだわったりすることなく、外の世界に順応していく傾向は強いようである。このことはまた、外来者への対応にも一種の大らかさとして現れている(来間泰男『沖縄の覚悟』二〇一五年、日本経済評論社、四二二ページ)。

これとは逆に、沖縄外に出た沖縄人同士が固まり閉鎖的になり、外の世界とは馴染まず、なかには、あわただしく沖縄に戻る人がでてくることも耳にすることだ。ウチナーアイデンティティやウチナーンチュ特性ということも多様性に満ちているのが実際のところだろう。

そうした多様性のなかで、主体的な試みが矛盾をはらんでしまうこともある。戦前の方言論争と観光開発をめぐる動きを分析した日本史研究者の戸邊秀明《とべひであき》の次の指摘はその一例であろう。

近代日本における沖縄差別のなかで、沖縄人の解放や自立のための能動的な模索は、「自立のための同化」ともいうべき、矛盾を抱えこんだ、いわば逆立ちしたかたちで発揮された。（中略）また、自身に主体性や自由の自覚があれば、「他者が創作したところの『沖縄イメージ』に躍らされているのではないか、という見方を私はしない」と断言できる者が、一九三〇年代末の沖縄に、さらに現在の（沖縄に限らない）私たちのなかに、どれだけいるだろうか（戸邊秀明「『方言論争』をたどりなおす」前出『沖縄学入門』四一～四二ページ）。

そして、沖縄・沖縄的の把握の際に見られる多様な捉え方が、たとえば作家島尾敏雄にかかわって次のような模索試論を生み出す。

島尾は単一民族的な日本ではなく、多様性を持った日本の想像を図った。そこでヤポネシア論は琉球弧の独特な歴史、文化を卑下すべきものではないと説き、そこに日本を相対化する可能性を見出し、積極的な意味を与えた（小松寛「コラム「反復帰」論」前出『沖縄学入門』一七七ページ）。

沖縄外からの支配的動向に抗する過程で、沖縄内からアイデンティティ問題が提起されることがある。たとえば、「ウチナーンチュ、ウシェーティナイビランドー（沖縄の人をないがしろにしていけない）」という翁長知事発言に象徴されるだろう。

このような外部要因が、沖縄内の人々のアイデンティティを考え発見する契機となりやすい。それは、外部支配だけではなく、旅行、移住移民、来訪者との交流、軍隊・戦争体験、教育体験、結婚・家族形成体験などと実に多様だ。ここ一〇〇年余り、沖縄に生活する人々に、そのような体験が大量にもたらされ、人々が個人レベルまで沖縄アイデンティティについて考える契機をごく日常的に作り出してきた。

単一アイデンティティから卒業しようとする人々

沖縄アイデンティティを肯定的に受け止めるにしても、否定的に受け止めるにしても、沖縄アイデンティティをはっきりと持つ人たちだけを対象にするのではなく、沖縄アイデンティティと非沖縄アイデンティティとの間を揺れる人が存在することにも注目する必要がある。

片方の親はウチナーンチュであるが、もう片方の親がそうでない場合、そうした事例があらわれやすい。たとえば、本州や九州など出身の親と沖縄県出身の親の場合がある。一九六〇年代に、そうした子どもは少なく、かれらが「マンチャー」（「まぜこぜ」に近い意味で使われた）と呼ばれ、県内の小学校に在学した際に、「異端」的な扱いをされて困惑したり、不利な立場に置かれたりすることもあったという。あるいは、米軍人と沖縄人のカップルとして生まれた子どもが、困難な境遇に置かれ、学校で差別やいじめの対象になった事例は多い。「混血児」という呼び方がそうしたニュアンスをもつなかで、「国際児」という表現が生まれ、さらに「アメラジアン」という呼称が生まれ、差別的ニュアンスをもつ「ハーフ」ではなく、「ダブル」という呼称が使われたりもする。

そうした事例が広がるなかで、単一のアイデンティティに限定するのではなく、複数のアイデンティティをもつことが豊かさを生み出すという見方が広がり始める。また、単一のアイデンティティをもたなければならない、どれかのアイデンティティを選ばなければならない、というありようへの疑いと拒否へと歩み出る人が増えている。そして、いくつものアイデンティティを同時に担うことを積極的にとらえるなかで、アイデンティティを変えたり、増やしたりすることを積極的に捉える動きも生まれてくる。さらに、自分なりのアイデンティティを形成するという考え方が広がってくる。

人々のアイデンティティは、生育・生活する地域や国によるものだけではない。多層のアイデンティティが同時に並存しているのがごく普通である。

沖縄の内と外とを往来する人々、双方に生活基盤、文化基盤を持つ人は、こうした問題を受け止めつつ生きている。そして、沖縄内外の多様なつながりが拡大するなか、沖縄在住の人々のなかにも、そのことを意識する人が増えてきているのが、近年の特徴的傾向といえよう。

コラム①

私の個人体験

岐阜県の農村で生まれ育ち、中学高校時代を名古屋で送り、大学・大学院を東京で送る。そして、一九七二年〜一九九〇年の沖縄生活。一九九〇年〜二〇〇三年の愛知生活。二〇〇四年から現在に至る第二次沖縄生活。

こんな私の生活歴のなかで、出生地である岐阜を意識したのは、名古屋に出てからである。岐阜と名古屋とは三〇キロぐらいの距離だが、言葉の違いがある。「岐阜から出る」という感覚であったためか、「岐阜」が薄らいでいく。消していこうとする意識はあったが、「岐阜」を消すというよりは、「田舎者である」ことを消したい気持ちだった。「岐阜の山猿」「田舎者」といった蔑称に出会ったことも理由の一つだ。

「愛知」を意識した一つは教育で、一九六〇年代前半の当時から「愛知の管理主義」といわれたことにかかわるもので、実体験的実感的なものだ。しかし、自分自身が愛知を背負うとか、自分の中に愛知があるとかはなかったし、他からそうした指摘を受けたこともなかった。

こうして、「岐阜」「愛知」を消して、ないしは身に着けずに、東京に出る。東京でも「東京」を身に着けようと意識することはなかった。東京を意識するとすれば、「全国の中心としての東京」だった。そして、標準語を身に着けたというよりも、居住地変更を繰り返す中で、「地域性無し」の言葉になっていった。

こうして、「地域脱出」をしていくが、卒論で「地域に根ざす教育」に触れるなかで、自分の足で立つ仕事にあこがれをもち、職を地方大学に求める気持ちが芽生えてきた。その時に飛び込んできたのが、結婚をきっかけにした沖縄就職・沖縄生活である。

第二章

沖縄・沖縄的の歴史スケッチ

1. 一九世紀半ばまで

一四世紀以前の沖縄

まず、沖縄・沖縄的の生成のなかで、もっともさかのぼって検討できる一四世紀以前を見ておこう。一四世紀以前の沖縄像は、研究の急速な進展のなかにあるので確定的なことは書きづらいが、現時点で私が捉えているものに絞ろう。

およそ一一世紀（もう少し以前との説もある）以降三〇〇～四〇〇年間にわたって、出身地・言語など多様な人々が、累積すれば、それ以前から住んでいる人口をはるかに上回る数で移住してくる。その結果、沖縄は、それらの多様な集団の並存・交流・対立抗争のある地域となる。この時代は、東シナ海を取り巻く地域間の旺盛な交流・移動が展開される時代でもあるが、その中にあって、沖縄は地理的に重要な位置にあった。

移住してきた多様な人々が、在来の人々を含めて、対立抗争、交流連携協同など多くのドラマを通して、沖縄・沖縄的の原型をつくっていく。その原型を手がかりに後世において作られた沖縄・沖縄的のイメージの多くが、二〇世紀半ばに及ぶまで継承されてきた。そして、それらの多くは、「もともと沖縄にあったもの」であり、一四世紀以前から存在していたとさえ思わされてきた。

だが、そのイメージの手がかりになった原型は、意図的につくられたというよりも、多様な集団が持ち寄ったものが混合（チャンプルー）されて出来上がってきたというべきだろう。そしてまた、年数を経る中で累積されてきたものだ。だから、一四世紀以降のものが混入されていることが結構ある。

そして重要なのは、それらの中には、より強大な集団が自らのものを他の集団に押しつけたり、影響を与えたりして出来上がってきたものが多いことだ。

沖縄全体の統治者	西暦年	出来事
なし	一一～一四世紀	各地に諸集団が存在し、内外との交流が行われる時代
琉球王国	一四二九	琉球王国、三山統一とされる　第一尚王朝スタート
	一四七〇	第二尚王朝スタート
	一五〇〇	琉球王国による八重山の武力制圧　のち奄美にも行われる
琉球王国＋明（清）＋薩摩	一六〇九	薩摩が武力で琉球王国を支配下におく
日本政府	一八七九	琉球処分（琉球併合）により、日本国家の直接統治スタート
	一八九九	集団海外移民スタート
	一九〇三	土地整理事業終了
	一九四五	沖縄戦
米軍	一九四五	米軍統治スタート
日本政府（＋沖縄県庁）	一九七二	「日本復帰」

沖縄（琉球）・沖縄的の成立

一四世紀半ばころまでは、自己意識としての「沖縄」「琉球」は未成立だ。それは、沖縄地域全体の統一がなされていず、沖縄としての一つのまとまった社会・文化が存在していなかったことに対応する。

そして、東シナ海周辺は、宋・元などの中国大陸国家を除けば、国家というものは、たとえあったとしても、国家というには余りにも弱体で、希薄な存在であり、それよりも生活・活動を共にする集団が重要であり、それらの地域小集団を示す用語の使用が優勢だったと推測される。たとえば、北山《ほくざん》・中山《ちゅうざん》・南山《なんざん》、宮古・八重山・久米島など一定のまとまりをもつ地域ごとの呼称は使用されていた可能性が高いかもしれない。さらに南山を例にとれば、佐敷《さしき》、大里《おおざと》、玉城《たまぐすく》、具志頭《ぐしちゃん》、真壁《まかべ》といった地域を指す用語の方がよく使われていたかもしれない。あるいは、地域呼称よりは部族名を示す使用が多いかもしれない。部族名≒地域名ということがあったかもしれない。

なお、交易・軍事・農業生産・衣食住・育児などの分業秩序・身分制的なものが存在したとしても、それほど強くなく、いくつもの業務を合わせ担う人が多いと推察される。そのため、住民の中で、戦闘を含む抗争や交易・交流そして交易産品の生産にかかわるものの人口比率はかなり高かったと推測される。そのなかで、対外とのかかわりで、所属集団への帰属意識はかなり高かったと推測される。その意味では、沖縄地域全体を視野に入れるほどの有力な地域や部族を中心に沖縄・沖縄的についての意識の原型が芽生える条件はあったといえよう。

こうした状況は、一四世紀後半に東アジア地域一帯を、中国を頂点とする秩序にまとめあげようとする明の成立により激変していく。そして、中国側からの呼称として「琉球」の使用が広がり始める。この地域を指す用語は、それ以前から地理上の用語としては登場するとはいえ、沖縄在住者が「沖縄」「琉球」などの用語を自己意識として使用したことはないだろうし、たとえあったとしても、その実態は研究上不明状態だ。

一五世紀から一六世紀

外部支配を受ける前の一五～一六世紀には、琉球王国が形成整備されるなかで、他国との関係で、沖縄（琉球）・沖縄的を意識させられる機会が増えていく。まず、中華世界秩序のなかで明との間に冊封朝貢関係を結んで、いわば「国営」貿易活動をすすめる過程で生まれていくことがある。それとのかかわりで展開した東アジア交易も、沖縄（琉球）・沖縄的を意識するうえで重要な契機となったであろう。また、日本との関係でいうと、交易や移住などのなかで、沖縄・沖縄的を意識する契機が生まれていく。

一五世紀後半から一六世紀初めにかけて、統一国家の整備、そして国家による住民の管理統制が進行するなかで、住民自身が、「王国」とのかかわりで「琉球」「沖縄」を意識するようになりはじめる。そのなかで、逆に、それ以前のように住民自身が沖縄外と直接かかわる機会が減っていく。

こうしたことは、住民が沖縄（琉球）・沖縄的に直接的にかかわるというよりも、王国を介して間接的にかかわるという形を作りだしたといえよう。この時代の琉球意識沖縄意識について、沖縄史研究者の西里喜行は、次のようにまとめている。

自他共に琉球人・琉球国の存在を認知したこの時代に、王国の担い手たちの自己意識は琉球意識として確立したと見なしてよい。もっとも、その琉球意識が王国支配層の対外的な自己意識であったとすれば、琉球王国を支える民衆の自己意識は沖縄（ウチナー）意識というべきであるが、（中略）その琉球意識あるいは沖縄意識は王国の中心地（沖縄本島地域）の人々に限られていることに注目すべきであろう（西里喜行「琉球＝沖縄史における「民族」の問題」高良倉吉・豊見山和行・真栄平房昭編『新しい琉球史像』一九九六年、榕樹書林、一七七ページ）。

一六世紀に入ると、対外交流・交易が減少し、国家の住民管理ともからんで、狭い範囲での居住地への帰属性が強まっていく。また、政治的管理と並行して、国王家族の女性が任命されて王国全体の祝女《のろ》を統括する役割を果たす聞得大君《きこえのおおきみ》を頂点とする集落単位の世界に至るまでの神・宗教体系が整備され、人々の生活が心身ともに管理統制されるようになる。さらに、軍事的な統一、領域拡大の進行のなかで、地理的境界を明かにすることを通して、沖縄の圏内圏外の境界区分が鮮明になっていく。

このようにして、国家による日常生活に至るまでの管理統制が強められていく。それらのなかで、住民たちは、内側へと意識が向き、それが沖縄的の形成を促進していく。

このような状況変化のなかで、圏外から移入されたものを、沖縄的なものへと変化させる動きが増える。早いものとしては、一四～一五世紀前半において沖縄独自なものが見られるという大型グスクがある。農業生産においては、圏外から持ち込まれた種苗や作業スタイルを沖縄の風土に適したものにしていくことが始まっただろう。また、中国から持ち込まれたハーリー（競漕）やシーサー（魔除けの獅子）なども、この時期から長い期間をかけて沖縄的なものへと変容していったであろう。加えて、沖縄圏外から沖縄に移入されたもので、沖縄を媒介にして沖縄外に広まったものも多い。沖縄における三線から大和における三味線への変化も、その一例だろう。

こうしたなかで、沖縄意識が鮮明になり、沖縄的と意識されるものが増え始める。沖縄語（ウチナーグチ）の仮名表記を王朝の公式文書に使用するなどもその例だろう。

社会組織や親族組織には、沖縄内にあっても地域差があっただろう。たとえば九州からの移住集団なら、移住してくる前の居住地での特性を反映していることが考えられる。それらも、一五世紀後半からの王国支配による統一化施策のなかでの変容が生まれ、沖縄らしさが出てきたであろう。このように、国家が主導するのだが、それにしても、地域差は長く継続していく。また、国による神話の整備作業は、一六〜一七世紀における歌謡集「おもろさうし」の編纂に反映していく。

このように、この時期以降、国家を軸に、沖縄（琉球）・沖縄的の形成が進みはじめる。

一七〜一九世紀半ば

一七世紀初頭、琉球王国は実質的には薩摩との、形式的には明（のち清）との従属関係を結ぶ。それにしても、内部では独自の王国としての支配秩序を形成していた。そして、独自文化をもつ「独自国家」であることを看板にする操作が行われ、その活用をはかっていく。

このことにかかわって、沖縄史研究者の田名《だな》真之《まさゆき》は次のように指摘する。

琉球とは何者なのか考えたのは近世になってからです。わが国はどういう国なのか懸命に考えて、一七世紀の後半、羽地朝秀※とか蔡温※といった人たちが自分たちの歴史を初めて見直して、『中山世鑑《ちゅうざんせいかん》』とか『世譜《せいふ》』ができ、『琉球国由来記』も書かれる。

両方の国と付き合う中で琉球はできることを一生懸命やるわけです。いまみなさんが琉球の文化と考えているようなものは、組踊も琉舞も料理、漆器も、ほとんどが近世以降、接待がらみも含めて日本と中国のものを学びながら琉球が作っていったものです。琉球人は漢詩も作るし和歌も詠みながら琉歌や琉舞も作っていく。冊封使※には中国の文化をこれだけ勉強していると披露しつつ琉球踊りも見せる。日本には、中国からこんなものも学んでいますよと中国の踊りを見せ、そして琉球の踊りも見せるんです。薩摩には日本の勉強もしているよと、能とか狂言をやってみせる。そうしながら、琉球とはこういう国だと発見し発現し発揮していく。琉球が自分たちに目覚めた近世はとても大事な時代です(「表象としての肖像――王権・主権・自己決定権」シンポジウム『時の眼―沖縄』批評誌五号、二〇一五年、一三ページ)。

※　羽地朝秀《はねじちょうしゅう》は一七世紀、蔡温《さいおん》は一八世紀の、琉球王国の政治的リーダー

※　冊封使《さっぽうし》は、中国王朝の国王が、琉球のように従う国の王を任命するために派遣した使い

この指摘で登場する事例は、主として国家レベルで展開されたものであり、その点では、国家レベルが主導して沖縄・沖縄的が作り出されていった時代だと言えよう。

そして、沖縄史研究者の高良倉吉の次の指摘にも留意したい。

沖縄の伝統文化と呼ばれるものの基本的な様式は、アジア諸国とのあいだに展開されたあの古琉球大交易時代につくられたものなのではなく、薩摩支配下の近世において創造され、発展したものだったのである（高良倉吉「近世琉球における都市の論理」前出『新しい琉球史像』七六ページ）。

こうして、王国として沖縄・沖縄的を創作する活動が推進されていくのである。その象徴として、組踊の創作があげられよう。琉球文学研究者の池宮正治は、日本や中国の影響がありながらも沖縄的な創造が展開されていることを指摘している。（池宮正治「組踊と中国演劇」前出『新しい琉球史像』所収）

芸能分野では、集落（シマ）単位で行われる日常生活レベルでの展開と、組踊のように国家レベルが主導して展開したものとが併在していた。といっても、それらには相互に影響し合うものがあったのであり、そのありよう自体が沖縄的だといえなくもないだろう。

そして、国家レベルを軸にした王国整備は、日常生活に至るまでの諸レベルにおける王国管理を徹底させるものであり、その進行は、多くの分野での沖縄的の成立展開を伴い、全体としての沖縄的の定型性標準性が強められる分野が多かったといえよう。

こうした動向を総括的に見るうえで、西里喜行の以下の指摘を参照しておきたい。

両属意識のバランスの上に、王国支配層の自己意識＝琉球意識が定着したわけで、両属意識の強化は琉球意識の増幅とパラレルの関係にあったといえよう（西里喜行「琉球＝沖縄史における「民族」の問題」前出『新しい琉球史像』一八四ページ)。

薩摩の琉球侵攻から二世紀半の「両属」期＝近世期に、王国支配層の琉球意識は消滅へ向かうどころか定着・増幅し、道の島※や先島の役人層をはじめ民衆へも琉球意識は浸透しつつあったものの、琉球列島全域の各階層に共有され得るような単一の運命共同体的自己意識として定着するには至らないまま、未曽有の民族的危機＝琉球処分に直面せざるを得なかったといえる(同前一八六ページ)。

※「道の島」とは奄美のこと

2. 明治大正昭和戦前期

日本国家への組み入れと沖縄(琉球)意識

琉球併合(琉球処分)は、沖縄(琉球)・沖縄的のそれまでのありようを大きく変容させた。それは、外部支配の展開として始まるが、近世における薩摩支配が、琉球王国を介しての間接的支配の色彩を帯びていたのに対し、日本政府による直接的な沖縄支配として展開される。それは、日本に近代国民国家を天皇制秩序として作り上げ、その辺境の地としての沖縄秩序をつくるものであった。それは必然的に、それまでの沖縄(琉球)を大きく変えようとする。

この事態のなかでの士族層の対応をめぐっての、さらに伊波普猷の主張をめぐっての西里喜行の指摘を見よう。

日清「両属」下の二七〇年間に琉球経済が日本経済に従属的に「包摂」され、「日本」と「琉球」の経済的「一体化」が進行したにもかかわらず、廃琉置県を契機として琉球民族の内部から自主的・主体的に「日本民族への転化」を促進する動きは表面化せず、むしろ逆に強烈な琉球意識をベースにした救国運動が展開されたことを、どのように理解すべきであろうか。（中略）廃琉置県すなわち琉球王国の滅亡には二つの側面がある。第一には「日本」と「琉球」の「統合」を促進し、両者の「一体化」の客観的基礎を強化する契機となったこと、第二に琉球の民意を配慮しない強権的措置が採られたことによって、「日本」と「琉球」の双方に歴史的に存在してきた自他意識を定着させたこと、これである（前出『新しい琉球史像』一九四〜五ページ）。

伊波の強調する「琉球民族」もしくは「沖縄民族」という概念の中の「民族」とは、現在の民族学で提起されているエスニシティ（中略）に近い概念と考えてよいであろう。とすれば、琉球王国は滅亡しても琉球エスニシティ（中略）は消滅せず生き残ったという理解も可能であり（中略）国家を形成していた琉球民族が国家滅亡後も「日本帝国」という多民族国家のなかで、民族として兄弟民族たる大和民族と共生し得る（共生せざるを得ない）という認識を、伊波は生涯を通じて主張し続けたわけである（同前一九七ページ）。

これらの注目すべき把握は、示唆に富む。日本国家による沖縄統治は、まず軍事・政治・外交分野において展開されるが、支配意図を貫くために、国家が推進するものを日常生活にまで徹底しようとした点が注目される。だが、それらは、近代化の顔をもちつつも、国民統合の顔をあからさまに示すものでもあった。この近代化と国民統合という二つの顔が結合しているために、日本化＝近代化という把握さえ生まれることがあった。

そのことを象徴するものとして、言語施策・教育施策がある。それらは、沖縄的を否定し、それに代えて「日本的」を据えることに基本的特質があった。また、言語政策の具体的な実施が、学校を通しての展開であったという点では、言語政策も教育政策に含まれるという特質があったといえよう。

その施策は、当初沖縄的なものとそうでないものとの併存、つまりバイリンガル的なものが許容された。しかし、徐々に、沖縄的なものを抑圧排除し、非沖縄的なものに限定して進めるモノリンガル（単一言語）施策が追求されていくようになっていく。その本格化は、二〇世紀に入るころからなされ、その頂点は、沖縄戦期にあろう。

沖縄外との接触交流激増の中での変化

こうした過程の中で注目すべき点をいくつかあげよう。

第一は、近世までは、沖縄（琉球）を意識するのは主として士族であったことに変化が生じてきたことである。その背景には、近世身分制の解体が進行したことがまずある。そして、旧士族外にも、沖縄外と接し沖縄について意識する機会が急激に拡大した。それには、沖縄外から沖縄に来るものが急激に増加し、都市だけでなく都市外でも出会う機会が激増したことがある。官吏・警察官・寄留商人・学校教員などが代表例だ。

第二に、職業の自由化・居住地の自由化などのなかで、沖縄外の多様な世界に触れる機会が増えていくことをあげることができる。進学などで沖縄外生活を経験する例もあるが、村々の生活にまでかかわって大きな影響を与えたのは、移住・出稼ぎという形での県外移動による県外者との接触がある。それらは二〇世紀に入るころから量的に拡大していくが、象徴的なものは海外移民である。海外移民は、現地住民だけでなく日本の他府県出身者との接触を作りだした。

さらに、大正期に入ると、他府県への出稼ぎが増加していく。そのなかで農村においても、各集落（シマ）に移民・出稼ぎ体験者がいることがごく普通になっていく。また、移民・出稼ぎ経験者が帰郷してもたらした沖縄外での体験談は大きな影響をもたらした。こうして、多様なレベルでの県外との接触・交流が進行する。

第三に、徴兵である。徴兵されたものは、主として九州で軍隊生活を送り、日露戦争時には戦地にも出かけ、戦死者もでる。その軍隊生活は、他府県出身者との共同生活として行われ、他府県出身者との接触・交流の場となる。

第四に、住民に影響力をもつ諸組織では、役所・役人を通しての指示通知などもあったが、学校を介しての地域住民への啓発活動が展開されたことが大きい。また、新たな施策の下で、従来の共同体組織が再編されて結成された青年会・婦人会などが、外の世界と触れる重要な場となる。

それらに加えて、新聞に代表されるメディアが二〇世紀に入る少し前から影響力を持ち始める。それらを通して、沖縄について発見し感じ考えることが、旧士族や地方有力者・学校関係者にとどまらず、一般の人々においても展開されていくようになる。

そうした日常生活レベルでの沖縄をめぐる象徴的なものは、役所・軍隊・学校など「公的」な場では日本の標準語を使用し、ウチナーグチを排除するという形での言語使用であり、またそうした場での、制服・軍服・和服着用に努めることに象徴される衣生活である。そのことによって、日常生活レベルにおいて、しかもその個人単位において、沖縄にかかわる思考・行動の選択が迫られていく。

こうしたなかで、沖縄について日本との対比で論じられるようになるのが、この時代の特質でもある。中国など日本以外の地域との対比は霞んで、存在しないかのようであった。

そして、日本との対比の際に、日本イコール正しい・進んでいる・近代的、沖縄イコール間違っている・遅れている・前近代的というイメージと結びつけられがちであった。こうして、沖縄について、沖縄の人々が考え・行動するための基準のようなものが仕立てられていく。その基準は、日本側によってつくられ、沖縄側はそれに従うという形も作られていった。

沖縄戦と沖縄戦直前期

以上述べてきたことは、紆余曲折がありながらも、一九三〇年代に至って軍事色が濃くなっていくなかで、より一層の極度化純粋化が進行していく。そのことを軍事と言葉を中心にみてみよう。

軍事においては、日本軍は、沖縄的なものを入れ込む余地をまったくといってよいほど持っていなかった。沖縄的なものは危険なものとして扱われた。それは、沖縄に軍隊どころか軍事施設の設置すら最小限にとどめていたことに表れている。また、軍隊編成においても、沖縄出身者をまとめることを避けた。沖縄敵視に至らないとしても沖縄不信であった。

ところが、昭和一〇年代の長期戦争期になると、沖縄にも軍事施設を設置するようになり、さらには、軍隊が移動してきて、沖縄戦に至る。そのなかでは、軍隊を軸にして日常生活レベルに至るまでの強力な管理統制として、沖縄的なものの抑圧排除が徹底される。沖縄戦のなかで、「沖縄語を話すものはスパイと見なす」がその集中的表現だろう。

さらに、住民自身による沖縄的なものの排除の追求運動が展開されていく。一部の知識人たちが主導して展開された改姓運動はその典型だろう。こうした動向のなかでの象徴的な事件が一九四〇年の方言論争である。それ以降、標準語強制を批判することさえタブー化されていく。

だが、そうした動向が強まったにもかかわらず、日常生活レベルにあっては、とくに軍人・行政関係者・学校関係者たちがいない時には、沖縄的なものが依然として根強く表れてきた。沖縄語（ウチナーグチ）は消滅しなかったのだ。

3．沖縄・沖縄的を意識する際の身分差・階層差

一般庶民における沖縄・沖縄的

ここで近世期から明治大正昭和戦前期における身分による違いに焦点を当てて述べていこう。

沖縄・沖縄的にかかわる担い手について考えるには、社会集団に焦点をあてる必要がある。その社会集団には、まず身分や社会階層別の諸集団がある。というのは、沖縄・沖縄的というとき、近

世社会にあっては、士族が展開するものを指すことがほとんどであるし、明治期においてもなお、旧士族に加えて、旧地方役人層《じかたやくにん》※そして都市住民が担うものを指すことが圧倒的に多かったからだ。

※地方役人層は、近世から明治半ばまで、間切《まぎり》（現在の市町村に近い行政単位）や村といった地方組織の行政にかかわった上層農民たちである。

一般庶民つまり農民たちが展開しているものにも、外側の眼から見れば、沖縄的なものがあるわけだが、当事者たちは、沖縄的なものという意識をもっていたわけではない。沖縄・沖縄人という意識も日常化していなかった。さらに宮古八重山の人々にとっては、沖縄は沖縄本島のことであり、自らは沖縄人でなく、ミャークンチュ・ヤーマンチュなのであった。

沖縄・沖縄的と意識して、士族や地方役人層が展開していたものが一般庶民にまで拡大していくのは、明治後期以降である。たとえば、三線が広く普及し村々の行事でも使用されはじめ、村芝居が広く展開されるようになったのは、一九〇〇年前後のことと推測される。

そうした広がりは、旧来の士族層や地方役人層などにも刺激を与え、旧来の沖縄的なものを継承するために、それらを変化させつつ展開する動きが生まれてくる。たとえば、沖縄芝居が象徴的であるが、沖縄的なものが大きな話題になる明治期後半に活躍したのは、主として旧士族層であり、それに加えて、村芝居などを主導したのは、旧地方役人層ないしは屋取《やーどぅい》と呼ばれた農村に移住した旧士族だったのである。

また、中等教育就学がその時期に増加傾向を示すが、それにも階層的特性を見ることができそうだ。たとえば、旧制中学校へは旧士族を中心に就学する傾向が見られたようだ。首里の一中より遅れて那覇に設立された二中には、那覇士族に加えて、他府県出身の「寄留人」や旧「町方百姓」もいたであろう。

対照的に、師範学校入学者には、地方役人層が多く、それに加えて屋取士族層がおり、首里士族や那覇士族はそれほど多くないようだ。師範学校卒業生の就職先である小学校教員も、そうした傾向が見られる。それ以外の一般庶民が増えるのは、時期が下ることになる（浅野誠「沖縄における小学校教員形成過程」、芳沢毅執筆「沖縄県師範学校出身者の社会的出自と教師の社会的評価」、いずれも阿波根直誠編『沖縄県の戦前における師範学校を中心とする教員養成についての実証的研究』科学研究費報告書、一九八〇年参照）。

「上」から「下」への沖縄的なものの拡がり　門中など

一九〇三年の土地整理完了後には、土地私有制となり、金銭経済が日常生活に浸透しはじめるなかで、地方にあっては、これまで生産・生活の単位であった共同体の機能低下・分解が進行し始める。それらが共同体内外での階層移動を推し進めていく。それは、新たな形での都市の成立や広がりと並行する。また、農村から都市への移動だけでなく、出稼ぎや移民などによる移動も広がっていく。

注目すべきは、こうした過程と並行した家族的なものの動向だ。近世に士族で形成された親族組織である門中《もんちゅう》に似たものが、近世末期から明治期にかけて農村にも広がる。それは、それ以前から存在したハラ・ヒキと呼ばれる組織を再編する形で進行していく。そのことで、シマ（村、字）の共同体が、シマに居住する人々の生活をほぼすべてにわたって取り仕切ることから、家族そして門中を含む親族組織がその役割の多くを引き取る傾向が徐々に強まっていく。

日本政府＝沖縄県庁は、家父長的な儒教原理と深いかかわりのある戦前民法にもとづいて、この過程を取り仕切ろうとするが、それと重なるようにして、門中のように沖縄的なものが存在したのである。こうして、家を介した国家管理と沖縄的な門中などを含めたものが、近世身分制社会に大きな変容をもたらす。

芸能や門中制度の広がりは、身分制階層性における、「上」から「下」への流れ・広がりといえそうだ。また、逆の「下」から「上」の流れもあるという指摘がある。

なお、日本の士族と沖縄の士とはかなり異なるもので、とくに士と士以外の峻別の弱さが注目されよう（波平前出書参照）。その点では、壺屋の陶器生産にかかわる沖縄文化研究者の渡名喜明《となきあきら》の次の指摘も興味深い。

壷屋では、（中略）王府・士族用の焼物だけでなく、庶民の需要にも応えた。歴史的にみれば、貴族性と庶民性という一見矛盾した二つの特性を壷屋は併せ持ってきたことになる。（中略）庶民の需要に応えるばかりでなく、壷屋そのものが半農半陶の村であったため、作品に素朴さをとどめることにもなった。

この貴族性と庶民性、洗練と素朴を兼ね備えることの〈矛盾〉を支えることになったもう一つの理由は、素材のほとんどが地元沖縄の産出品であったということであろう（渡名喜明『ひと・もの・ことの沖縄文化論』沖縄タイムス社、一九九二年、一三五～六ページ）。

戦前期のリーダーたち

ここで沖縄・沖縄的をめぐる動きにおけるリーダーについて、明治大正昭和戦前期を中心にみておこう。

身分制が廃止された以降にあっても、旧身分制が尾をひき、明治年間にリーダー的役割をとるのは、多くの分野において旧士族層であった。明治中期における旧国王の復権を求める公同会運動などは、まさに旧士族層、特に上級で富裕な有禄士族層がリーダーとなって進められ、近世社会のありようをひきずっていた。公同会運動は沖縄県庁の抑え込みで消滅するが、旧士族層が形成した諸勢力は、形を変えながらも、かなりの期間、影響力を保持する。

また、経済界で、旧士族層は、他階層と比べて豊富に有していた資金をもとにリーダー的役割を果たしていく。また、農村地域に「開拓者」として移住した旧士族層には、その地域の芸能などで、近世の士族文化を拡散するリーダー的役目を果たしたり、地域政治でリーダー的役割を果たしたりするものもでてくる。

また、近世社会において、士族と一般農民との中間的位置にあった地方役人層は、近世社会での地域リーダー的役割を、二〇世紀に入るころにも引き続き担い続けるものが多かった。そして、その後も富農層を形成し、地域の政治的経済的なリーダー的役割を果たすものを多く出していく。

彼らは、子弟の学校就学にも比較的積極的になり、師範学校や中学校への進学者を生みだし、教育施策実施の地域リーダー的役割を果たすものが多かった。地方役人層出身者で、すでに明治期に社会的リーダーとしての役割を果たし、沖縄的なものを作りだすことにかかわっていた著名な人物をあげるとするなら、沖縄の自由民権運動のリーダーともいわれる謝花昇《じゃはなのぼる》や當山久三《とうやまきゅうぞう》の名が出てくる。

こうした人物を含めて、明治期に入って社会的リーダーになっていく人物には、師範学校や中学校の卒業生、さらには、東京などの高等教育機関の卒業者となる人物がおり、彼らの多くは沖縄的を意識していた。そうした人物としては、太田朝敷《おおたちょうふ》、謝花昇、伊波普猷などがよく知られている。

二〇世紀に入る頃になると、従来にはない多様なリーダーが登場し始める。沖縄外から来訪した人にあっても、それまでは行政関係者に限られがちだったものが、行政に直接かかわっていないもののなかからもリーダーが登場してくる。寄留商人たちがその例だろう。また、布教目的で来訪した宗教家にもリーダー的役割を果たそうとする人が出てくる。

また、業務で来訪したのだが、業務を越えて沖縄的なものの発見・再発見・維持・創造に尽くそうとする人も出てくる。田島利三郎、園山民平、鎌倉芳太郎などがその例といえるだろう。いずれも、中学校や師範学校の教師を務めながらも、業務を越えて沖縄的なものを発見し、それを保存するだけでなく、新展開していくことへの期待をこめた活動を進めていく。八重山の気象台勤務の岩崎卓爾もそうだろう。

沖縄に居住したわけではなく、旅人として訪問するのだが、沖縄に関わる発言などで、実質的にリーダー的役割を果たした人が大正期以降増えてくる。柳田国男、田辺尚雄、折口信夫、芦田恵之助、柳宗悦などがその例だろう。

沖縄内の知識人文化人リーダー

知識人として沖縄的の維持創造に関与していく人たちが、沖縄内部にも明治末にあらわれ始め、大正期昭和戦前期に重要なリーダー的役割を果たしていく。

伊波普猷や真境名《まじきな》安興《あんこう》らをはじめとする沖縄学を創出した人々が典型的な例だろう。かれらは、沖縄の知識人・文化人層を形成する。末吉麦門冬《すえよしばくもんとう》、伊波月城《げつじょう》、親泊朝擢《おやどまりちょうたく》などジャーナリストにもそうした人たちがいた。かれらのなかには、教育界でも重要な地位について活躍した人もいるが、教育界のなかでは「異端」的存在にさせられた人も多い。

大正期ぐらいになると、王国時代の「空気」を吸った人がいなくなり、近世身分制におけるものを直接的に保存継承できる人はもういない。とはいえ、その二世三世として、長年にわたって蓄積された士族文化の「香り」めいたものを生かしながら、自分なりのキャリアをもとにして、諸分野でリーダー的役割を取るものが出てくる。そうしたものの典型例としての琉球舞踊、沖縄芝居、空手などには、近世からの文化的流れを鮮明に読み取れるものが多い。

旧地方役人層のなかにも、旧来の社会的地位を基盤にしつつ、土地整理に伴う二〇世紀初頭の農村社会の激動のなかで、地域での旧来の地位・財産を生かしつつ新たな諸活動を展開するものが現れてくる。彼らのなかには、新たに築いた社会的キャリアをもとに、シマ社会を越えて地域リーダーとしての役割を果たすものが出てくる。新たに興る諸産業の経営や地方議員としての活躍などがその例だろう。その層は沖縄的なものをどうするかというより、現実的な利害関係のなかで動いているが、結果的に沖縄的なものの維持創出に関わった点で無視できない影響力をもっていた。

こうして、リーダーが多彩化し、身分制秩序のなかで出自とからんだリーダー、王権と結びついた社会制度との結びつきが深いリーダーが中心を占めた近世以前とは、大きく異なってくる。近世では、特別の専門技能を持つ人、統治の最高職である三司官などをはじめとして、ごく少数に限られていた〈個人としてのリーダー〉が、明治期以降、一定の量として登場するのである。

かれらのなかには文化人・知識人といわれるものが多かった。かれらは、中等高等教育経験、あるいは移民を含む海外や本土体験など、沖縄外のいろいろな世界を見たことがあり、過去にしばられない認識をもつことができるとともに、沖縄を対象化して見る経験をもち、その中で沖縄にこだわりを持って思考する人たちであったともいえよう。

こうしたリーダーたちは、内の眼と外の眼の双方を持っていることが多い。たとえ外からの支配的なリーダーだとしても、外から持ち込む指導指示命令に対して、内の人々がどのような対応をするのかを読む必要があるが、そのためには内の眼が求められる。おおまかにいうと、両者の眼のうち、外の眼が強いリーダーは、支配的傾向を帯びやすい。対照的に内の眼が強い人は、内の人々になじみやすいが、海外動向が見えず近視眼に陥る時がある。

制度と直結したリーダー、そうでないリーダー

ここで、制度との関係でリーダーについて考えてみよう。近世には、王府の官職に就いてリーダー的役割を果たしたもの、あるいは近代以降、官吏や公務員としてリーダー的役割を果たすものがいる。中には、上級士族のように、本人の努力精進というよりは、家柄・身分で高級官職に就くものがいた。

そうしたリーダーにとっては、役職に要求される事を確実に遂行することが、何よりも重要である。たとえ力量や姿勢が不足していたとしても、それらは、就いた職務遂行のなかで身に着けていくものであった。制度の論理がまずあって、それに沿ってリーダーの任務を果たしていくのだ。そうした役割に就くものは、予め存在するリーダー的役割の階段を昇っていく要求はあっても、自らの主張・要求をもって制度を変化発展させようとすることは少なかった。

それとは対照的なリーダーとして、自らの考えをもって、その考えを実現しようとするリーダーがある。それはリードされる人々の要求を実現する先頭にたつとか、制度が抱えている矛盾や危機に対処し、時にはそれらを組み替えたり、新たなものに取り換えたりしようとすることもあり、自覚的創造的リーダーというものだろう。現代よく目にする社会運動型リーダーの多くもそのうちに入るだろう。また、謝花昇などは、そうした色彩を濃厚に帯びた先駆的なリーダーといえよう。自分自身で思考し主張し決断し活動するリーダーであり、かれらが必要とする制度を作り上げようとするのだ。

実際には、以上述べた二つのタイプ双方の要素を含みつつ、どちらに比重をかけるかは、状況の中で変化させていくというのが、多くの現実のリーダーたちであろう。選挙によって選ばれた自治体首長や議員たちもその例だろう。かれらは、選出母体に支えられると同時に、選出母体の人々をリードすることもあろう。

それらのリーダーたちにとって、〈沖縄独自か、沖縄脱出か〉が重要なテーマであり続けたことが、一つの沖縄的特性といえるかもしれない。また沖縄全体についてではなく、その前に、〈地元の地域独自型か、そこからの脱出を願う型か〉の分岐という問題も存在してきたことも見落としてはならないだろう。

沖縄的なものの継承と創造

沖縄的なものには、継承と創造とが入り混じっているのが通常だ。「伝統を継承」するという意識をもつ場合においても、伝統の再創造・再発見の要素が混じる。そこで、実態としても、当事者の意識としても、継承と創造との比重がどうなっているかを検討するのは意味のあることだ。二〇世紀初頭を例にして考えてみよう。

王国が終わってから一五年余りして日清戦争が終結し、上級士族対象の経済優遇措置も完了していく。しかし、王国時代でそれなりの地位を得たものがまだ数多くいる。その中で、王国体制復活は断念せざるをえないとしても、王国的なもののなかで文化分野のものを「伝統」として継承保存しようとする動きが強く存在していた。と同時に、それらを維持する基盤が弱くなってくるなか、それらをもとに新たな要素を加えて、新たな沖縄の創造に挑む動きが生まれ広がっていた。これなどは、継承と創造とをからませた展開といえよう。

そして、王国時代の空気を吸ったものを王国後の第一世代とすれば、直接的には王国時代を知らない第二世代が社会の前面に出始める。旧王国時代の保存だけではやっていけないことがはっきりするなかで、王国時代の継承を視野に入れつつも、新たな時代状況に対応する新たな沖縄的なものを創造する動きが、二〇世紀初頭には表面化してきた。舞踊演劇空手などの分野では、それらがよく見られる。

時期を下って戦後の米軍統治下を見ると、米軍は音楽芸能での沖縄独自のものの追求支援を展開し、米軍行政機関のサポートで各地で開催された公演は、熱狂的といえるほどの大衆的歓迎を得たことが注目されるが、二〇世紀初頭からの沖縄的な音楽芸能の広汎な展開がベースにあったといえよう。それらは、その後のこの分野の広汎で躍動的な展開のスタートラインになったのだ。それらは、米軍施策がきっかけを与えたとはいえ、広汎な沖縄住民自身の強い要求とエネルギーによって担われてきた。そのなかでリーダー的役割を果たす多くの音楽芸能家たちが生れ育っていった。

ところで、近世末期から明治前半期において、沖縄社会のリーダー的位置にあった士族層は全体として見て、旧来の王国体制の保持に固執し、世界的に展開する新たな動向への対応を含んだ創造的な動きは微々たるものだった。それは日本本土での、近代化志向の強い動向が存在したのとは対照的ですらあった。無論、例外はある。近世末期の板良敷朝忠《いたらしきちょうちゅう》らの動き（嶋津与志『琉球王国衰亡史』平凡社、一九九七年参照）、太田朝敷や謝花昇など東京で高等教育を受けた者たちが例外的なものだといえよう。

4. 米軍統治期

一九五〇年代初めごろまで

戦後の米軍統治は、それまでのありように大きな変化をもたらす。とくに、「日本と沖縄」と言う二軸構成に変化をもたらす。

軍支配という形の外部支配は、まずは直接的な住民管理として、絶対的な力の行使でもってスタートする。その後、間接統治の形を含みながらも、直接管理の形をむき出しにすることが、かなり後の時期に至るまでしばしばあった。

間接統治は、住民自身による行政の形を通して、あるいは米軍政府が文化的啓発者として振舞う形でも展開された。文化的啓発者としての顔は、文化芸能の場面で強く出された。また、食文化において、食糧提供という形で、アメリカ型食文化の導入がはかられる。衣服にしても、洋服を急激に普及させる。それらは、「アメリカ」を持ちこむというよりも、近代的で合理的なものを持ちこみ、住民生活を近代化するという顔をしたものが多かった。

当初は、担当者に施策の差異がかなりあった。たとえば、日本的を許容する例、対照的に日本的なものを拒否し沖縄的なものを出すように指示する例がある。沖縄内部の教育関係者が強い関心を持った学校などでの言語指導とか、放送言語にその問題があらわれる。それらについて、英語使用を指示しようとした担当者もいたが、一時的なものだった。また沖縄語使用を強く求める担当者もいたが、結果として「日本語で行く」こととなる。米軍の「本部」としてある東京のＧＨＱに従うという形で、日本的を受け入れる場合もあった。

しかし、戦後も数年たつと、アメリカの世界戦略のなかで、沖縄の長期保有方針が鮮明になるにしたがって、世界戦略に基づく施策が硬軟おりまじえて展開するようになる。日本と切り離す施策などもそうである。

日本との分離戦略のなかで、日本的特性を弱め、随所に沖縄的特性を強調する動きがしばしば出てくる。広く住民に配布された米軍広報誌「守礼の光」などに、沖縄的なものを掲載するなどは、その例であろう。また、沖縄芸能を奨励するのも、そうした流れのなかで理解することもできよう。米軍のこうした施策がありながらも、人々は、生活復興再建のために現実的に行動する。それは、シマの再建という形をとる場合もあれば、移動先で新たな集落をつくるという形もある。それらには、無意識的なことが多いとはいえ、沖縄的なものがにじみ出てくることが多い。

「個人」としてのリーダーの大量登場

激動が続く戦後数年間は、リーダーの問題が鋭く現れた時期でもある。当時の人々は、まずは命を守り生きながらえる事、衣食住を確保する事が中心課題であった。

そこでは、自己判断として、職を見つけたり起業したりしながら生活をやりくりしていた。そして、旧来の制度依存型リーダーでは役立たずになりがちであり、リーダー性の有無にかかわらずリーダー的役割を取らされたものが、体験のなかでリーダー性を獲得していく。旧来のものが崩壊縮小するなかで、それらに代わり自発的につながりや組織をつくることが求められ、そのなかでリーダーが登場する。現代風にいえば、市民型リーダーのさきがけであろう。そして、コミュニティも、旧来のものの揺らぎが激しいところでは新たな創出が求められ、それにふさわしいリーダーが登場する。

こうして、個人としての力に比重をかけたリーダーが出現増加してくる。こんな状況を反映してか、戦後かなりの時期、リーダーの平均年齢が若いのが一つの特徴でもあった。こうした過程は、当然ながら「個人」の登場・広がりとかかわる。個人として思考し判断し行動し、自発的なつながりをつくることの先駆けは二〇世紀初頭にさかのぼるが、戦後、それが量的に大規模になり、ほぼすべての人を巻き込んだと言えるほどだった。

その契機としては、次のようなことがあげられよう。

・戦時、とくに家族親族単位、あるいは近隣単位、あるいは個人での生死をさまよう退避行動の際、個々の判断・工夫が求められた。
・収容所生活の中で、さらには軍の指示での新たな移住先で、また、旧生活地点への帰還の際、新たに作られたつながりのなかでの個々の判断・工夫が求められた。食糧確保・分配や居住区域の協議決定など。
・上記の生活の中の選挙での立候補体験・投票体験。
・第一次産業から、軍作業をはじめとする第三次産業などへと移行する人口が大量になるなかでの、被雇用者としての労働の体験。起業を含む経済活動の新しい体験。

・基地化された旧居住地から、新たに形成された都市地区への移住生活。新たなコミュニティつくりの体験。
・大量死のなかでの、多様な形の家族の体験。孤児として生きる体験、孤児の養育体験。
・これらの生活・活動のなかで、新たなつながりと組織の形成。

こうした体験を、ほぼすべての住民が長期間にわたって体験したこと自体が、沖縄史上、一五世紀以前の「戦国」的様相以来の重い意味をもつ。そのことが沖縄的特性に決定的な刻印をすることになる。

これらの体験のなかで貫かれた「命《ぬち》どぅ宝《たから》」「艦砲の食い残し《かんぽうぬくぇーぬくさー》」と語られる言葉に象徴されるような身体性感性人間関係性が沖縄的として意識されていく。

一九五〇～一九六〇年代

この時期になると、金銭商品を媒介とする市場経済が、人々の生活のなかでの比重を劇的に高めていく。戦後直後の配給経済の終了後、沖縄戦と基地建設のため、農業継続の困難が拡大し、かつてのような自給自足的色彩が濃いものに頼る条件の低下に反比例して、金銭による商品購入で生活を支える流れが圧倒的になる。軍雇用をはじめとする賃金を得る形の労働が生活を支える軸になっていく。

そのなかで、マスメディア（新聞・雑誌・書籍・ラジオ・映画・レコード・芸能公演・テレビ）が、急速に人々の世界をおおっていき、日常生活に強い影響を与え始める。そこで、支配施策においてもこれらを重用していく。

マスメディアは、戦時のように単一化されたものではなく、多様なものがいくつも競い合って展開した点が注目される。新聞の離合集散の激しさがその例だろう。芸能活動をする劇団もそうである。無論、米軍施策として奨励促進、あるいは検閲がなされたことを軽視してはならないだろう。

これらと並行して、自治体や集落が、戦前のように、縛りとさえ感じるほどの強い共同性を発揮することを低下させ、人々がそれら内外に多様な組織をつくることが増えていく。つまり、全員参加の共同体としてのコミュニティの変化分解が進行しはじめるのである。

戦前においては、政府=県庁という上からのルートで、青年団や婦人会など、いわゆる官製組織がつくられ、それに集落(シマ)の共同体と重なる形で、事実上の全員参加組織がつくられた。しかし、戦後は、上からのルートが弱まる。それに代わって、教職員を代表例とする地域リーダーが啓蒙的性格を帯びつつ、地域に青年会や婦人会、さらには学事奨励会や教育隣組といった組織を作っていった。

そして、集落とのかかわりが少ない企業・協同組合・労働組合・文化諸団体・サークル・政治組織などの組織が広がっていく。それらの組織は、農村地域では全員加入のコミュニティ組織的性格を残すが、都市地域などでは、自主的で任意選択による参加という性格を強くもっていた。

こうした事態と並行して、社会運動が広がり盛り上がっていったのも、この時期の特質である。土地闘争、復帰運動が最大のものであるが、それらはいくつもの要求・課題に見合って、あるいは担い手の多様さに見合って、多彩化していく。それらは、「ぐるみ」という要素と選択的自発的な性格をあわせ持つことが多かった。

社会運動の意味をかなり広くとるなら、文化芸能スポーツなどの趣味的サークルなども含まれようが、そうしたものが広がっていくのが、この時期の特徴ともいえよう。農村においても、コミュニティ的色彩が強い青年会や婦人会組織に、自主的任意参加の萌芽的な形が生まれてくる。それらの組織は、衣食住など生活改善の取り組み、スポーツなどの取り組み、復帰運動の取り組みなど、多彩な社会運動的色彩を持っていた。

日常生活レベルでの新たな動向

そうした活動が、「上から」の啓発的指示的なものがきっかけとしてあったにせよ、メンバー自身の要求をもとに広がりを見せ、多様な動きとなって広がっていく。教職員会のような全員加入型の組織にあっても、そのなかにサークル的なものが作られ始める。一九六〇年代半ばころ、民間教育研究団体のサークルめいたものが出てくるのも一例である。

こうした動きのベースに、一人一人の沖縄戦体験、それにもとづく「決意」「覚悟」も含めた複雑な思いが存在していた面を見逃すことは出来ないだろう。それが沖縄的特性をもたせる。

その中で、沖縄・沖縄的への気づき・意識化が進んでいく。それは、たとえば音楽芸能における歌詞やセリフなどの言語面に反映する。それだけでなく、言語化されていない曲や振付などにおいても、沖縄・沖縄的への意識化がすすむ。沖縄外の多様な音楽芸能の流入の中で、新たな動きが出てくる。それらに刺激を受けて、沖縄・沖縄的を積極的に押し出すもの、あるいは押し隠すものがでてくる。あるいは、それらと沖縄的なものとをチャンプルーするものも出てくる。

こうしたなかで、それまで国家レベルから日常生活への浸透のうえで中心的役割を果たしていた学校の位置が相対的に下がり、多様なメディアを媒介にするものが果たす役割が大きくなりはじめる。そしてそれが日常生活における人間関係と結び合った「口コミ」などをもとにした意識形成と絡み合って進行していく。

この時期についてもう一つ注目したいことは、沖縄外への移動体験をもつものの増加である。その一つは戦前から続く移民であるが、この時期は、八重山などへの近距離移民とともに、ボリビアなどへの南米移民が、米軍政策として行われたものを含めて、多様に展開される。そして、集団就職を含めた本土就職が増加していく。彼らには、いずれ沖縄にUターンする見通しをもつものが多く、実際、時期を経てUターンする例が多い。と同時に、そのまま移住先に残る例も少なくない。

この時期には、旅行で本土や海外に行く例は、それほど多くない。パスポートやビザが必要であり、取得が容易でなかった事情もある。

とはいえ、沖縄外、特に本土について、その生活を経験・見聞してきたものを身近に見かけるようになり、そうした彼らを通して、沖縄・沖縄的についての認識を日本・日本的との対比で人々がするようになったことは大きい。それらは「復帰運動」「復帰願望」と絡み合う。

ここで前節で示した階層性の戦後状況について見ると、金銭商品経済が人々の生活を主導支配するようになった一九五〇年代以降は、人々が持つ文化力や人間関係力と比べて経済力が相対的に強い役割を果たすようになる。文化力・人間関係力でさえも、経済力と強い相関性を持ち続けるようになったといえよう。

そして、経済的階層性、文化的階層性、さらには人間関係における階層性の再生産※が広がっていく。

※こうした問題は、二一世紀に入ると、格差貧困問題として社会的にクローズアップされてくる。それをきっかけにして、格差貧困問題を含む階層問題への対応が沖縄的課題として浮上してきている。

5.「復帰」前後期

「本土並み」

一九六〇年代後半～七〇年代前半の日本本土「復帰」前後には、「復帰」運動が高揚し、それに対して、日米両政府が対応策を探り、それまでの米軍基地を実質的に維持しつつ、米軍による直接的な沖縄統治を日本政府による統治へと変える形に落着させようとしていく。その国家統治の主要な流れにもとづいて、マスメディアを中心にしたキャンペーンもすすめられる。それへの対応・対抗として、「復帰」運動は、「核も基地もない沖縄へ」という形などへと展開し、その内実の変容がすすむ。

それらのなかで、「日本の中の沖縄」、「日本人としての沖縄人」というありようについての模索がすすめられると同時に、多様な議論が社会運動やマスメディアなどを舞台にして渦巻く。それは沖縄的をめぐる新しい議論をも含んでいく。「復帰運動」のなかでも、沖縄的と日本的とのからみが複雑に生じてくる。一つのポイントとして「日の丸」を掲げて復帰運動をすることの是非論議が典型的な焦点となったことがあげられよう。

一九六〇年の沖縄県祖国復帰協議会結成の翌年、四月二八日を「屈辱の日」として復帰行動の大規模展開を始めたころについて、新崎盛暉は次のように指摘している。

少数ではあるが、復帰運動を批判的に捉えようとする視点も芽生え始めていた。とはいえ、米軍政下から抜け出す道は、当面、日本復帰以外にはなかった。人権の回復、自由と民主主義の確立、経済的格差の是正、社会保障の充実など、いずれの点から見ても、すべての制度を「本土なみ」にすることが、少なくとも相対的には、現状の是正につながっていた（新崎盛暉『日本にとって沖縄とは何か』岩波新書、二〇一六年、四八ページ）。

沖縄と日本、沖縄的と日本的、この二つを対比させて問題を捉える構図が一つのピークに達するのが、この時期の特徴でもある。法や制度を沖縄独自から日本に合わせたものにしていくことが一つの流れとなる。

なかには、日本に合わせるのではなく、沖縄独自を残すという動きも、一部だが生まれてくる。豆腐販売で、できたての暖かいものを販売する沖縄方式を認めさせる動きなどはその例だろう。だが、大きな流れは、沖縄をいかに「本土」に合わせていくか、ということにあった。

そうしたなかで、沖縄の現実についての各種調査がおこなわれ、沖縄を本土化していくための諸施策が展開していく。大学などでも、本土法制に合わせた「整備」がなされ、沖縄独自を切り縮め、沖縄にないものを補充していく。その際に、「本土」側を沖縄に合わせる動きは稀だった。そこには、沖縄は、「本土」に比べ不足している、遅れているという前提認識が広く存在していたからだろう。沖縄の教育委員会公選制を廃止し任命制に切り替えたのはその例だろう。

「全国○位」の沖縄という捉え方

各種調査の中には、都道府県別一覧表のような統計表を添付し、全国のなかでの沖縄の順位を示すものが多く登場してくる。そして、多くの項目が、「沖縄は全国最下位」を示す。そのことに驚きつつ、「他府県（本土）に追い付いて、最下位の汚名を晴らそう」という機運が高まってくる。主として国家レベルから情報が出されるが、マスメディアを通して拡散され、人々の共通認識となることがしばしばであった。

ここで、日本対沖縄ではなく、「日本のなかでの沖縄の序列上の位置」という把握が生まれ広がっていく。この発想は、戦前にも広く見られたが、この時期になって、より一層強められる。

それらには、いくつかのタイプがある。

（a）道路や下水道などのインフラ整備に典型的だが、全国平均レベルに早期に追い付くために、政府が予算措置を講じて、大規模工事を行うことを求める。

（b）米軍基地の密度などの数字をもとに米軍基地撤去縮小を求めることに見られるように、社会運動のなかで主張され、政府などへ要求を提出していく。沖縄差別だとして告発していく動きもその例である。

（c）のちになると、学力テスト結果に基づいて「学力最下位から脱出」を悲願として追求する教育界の動向が生まれ、それを保護者、さらに県民全体に訴え、社会運動のように学力向上運動を展開する。

（d）統計調査上の位置ではないが、各種のコンクール・競技会などでの成績をめぐる論議である。象徴的存在として、甲子園の高校野球がある。「悲願の出場」から「悲願の一勝」、そして「悲願の優勝」へという流れのなかで、野球に関心のない人でも、沖縄代表校の試合ともなると、仕事は一時停止してテレビの前にかじりつき、道路を通る車も閑散とする。そして、試合の動向に一喜一憂し、勝利すると、我がことのように、あるいは沖縄の勝利のように受け止め、喜ぶ。そうした姿は、まさに沖縄的だといえよう。近年では、上位成績をとることが多くなり、九〇年代までほどの熱狂ぶりはないが、二〇一〇年代でもその雰囲気は残る。同じようにして、各種スポーツや音楽芸能などでの沖縄出身者の活躍に大声援を送る姿は、人々の「沖縄」に抱く心情をよく示すものとなっている。

（e）上下の序列関係でとらえるよりも、いくつかの項目を総合的に見て、沖縄の特性を把握しようとするものがある。たとえば、開業率も閉業率も全国一ということで、起業精神が旺盛だが、試行錯誤的傾向が強いと分析し、その起業精神を前向きにとらえて、社会の活性化につなげていく捉え方だ。

データの歴史変化を分析していくありようは、専門論文にも頻出し、それが研究上の沖縄把握の重要なアプローチとなる。

以上述べてきた五つの把握は、それ以前からも見られたが、この時期にごく日常的なものになる。そして、それ以後も根強い把握方法となる。

ウチナーグチの衰退と生き方の変容

この時期にも、戦前同様、学校レベルを中心に推進された標準語使用ウチナーグチ排除の教育は、当時の我が家にも配布された「家庭でも標準語」のチラシに象徴されるように、家庭内の親子会話にあっても推進され、日常生活でのウチナーグチの衰退は著しい。

こうして、当時の子どもの世界からウチナーグチは消えていき、ウチナーグチを日常的に使用する人の年齢が、毎年一歳ずつ上昇し始める。結果的に、二〇一六年沖縄県民意識調査で「しまくとぅばを『聞くことも話すこともできる』と答えた人は（中略）四一・二％（全世代平均で――浅野補注）（中略）四〇代（二四・九％）と五〇代（四六・六％）が使用能力の境界」（前出『二〇一六沖縄県民意識調査報告書』二六ページ）となるのである。

こうして、九〇年代に至ると、ウチナーグチは消滅の危機を感じさせるほどになる。日常言語面では沖縄が消滅し日本への統合が完結期に入ったといえるかもしれない。

ところで、戦後人々のなかに広がり始める生き方の多様化が、この時期さらに拡大していく。職業でいうと、家業を継ぐ以外の生き方が、若者のなかで一般化していく。多様化してきた人生のありようのなかで、たとえば、「沖縄から出るか出ないか」「沖縄に戻るかどうか」という問いが、一人一人の問題となって迫られる事態が広がる。それは、沖縄にかかわるアイデンティティをめぐる選択にもつながる。同世代の他府県の若者が直面する都市に出るか生育地に留まるかの選択とは異なる意味が加わっていた。

金銭商品経済の浸透による生活・生き方の変容、そのなかでの個人判断の比重の高まりは、広く世界的に見られることだが、その問いに沖縄との関わり方の問いが重なるのが、沖縄的特質ともいえよう。

こうしたことの背景には、戦後の米軍支配に伴って従来の家業では生活できないという面だけでなく、金銭商品経済の広汎な浸透の中で、被雇用者として生き、金銭を得なければ生きていけないということがある。対照的に、戦前来の半自給自足経済に対応する生活とそれへの人々の志向性・能力は縮小していく。

6．一九七〇年代後半以降

沖縄意識の個人レベルでの一般化

日常生活レベルでの生き方の変容は、個人・市民の成立拡大としてあらわれ、加入について任意選択の自主的組織の成立拡大が重要な焦点になってくる。それらは、戦前に芽はあるが、戦後に至ると新たな誘因が加わって、一九六〇年代に本格化し一九九〇年代（都市地域では一九八〇年代）にはごく一般的なものとなる。

これらは、教育熱心な家族の登場と広がりに並行している。長年の共同体（シマ）のなかでは、子どもは親や家族のなかの子どもであるだけでなく、共同体（シマ）の子どもでもあった。そこには、大人たちによる共同の子育てが存在していた。字が運営する字保育園幼稚園が、戦後広く見られたのは、そうした歴史を背景に持っている。

それは、「復帰」後における幼稚園ないしは、公立・認可私立・無認可の保育園に引き継がれていき、沖縄における幼稚園就学率が図抜けて全国一位であるという沖縄的特徴の基盤を作りだした。また、七〇年代以降における地域子ども会の活発な動きの基盤になっていく。同様に、字単位の学事奨励会や教育隣組の動きが、一九七〇年代まで残っていたのも沖縄的特性をなしていた。

そうした「シマの子ども」のありように変化が生じてくるのは、七〇年代末以降である。対照的にスポーツ少年団・おけいこごと塾・学習塾の隆盛といえる状況がそれを象徴する。それらは、集落（シマ）ぐるみに子どもたちが参加するのではなく、希望者参加であったし、ある程度の費用がかかる金銭商品的性格をもつものであった。

それは、子ども当人の選択判断に加えて、個々の家族単位の選択判断でもあり、個々の家族がシマ（集落）の共同体から距離をおきはじめたということでもあった。といっても、そこから離れたというほどではなかった。それでも、なかには地域の学校から離れて遠距離の学校を選んで入学する事例も出始める。他府県の私立中学校に進学する例が象徴的なものだろう。

そのなかで、地域子ども集団よりも、緊密な親子の結びつきがひろがり、核家族の広がりと結びついた近代家族の成立が急速に進行した。そうした家族には、地域だけでなく門中などの親族組織とも距離をおく例が出始める。

「教育家族」の広がり

そうした家族は、子育て、とくに子どもの学校教育での成功が、家族の中心テーマになってくるという意味で教育家族と呼ばれ、先進国で早くから見られてきたが、二〇世紀末になると途上国でも広く見られるようになる。それが沖縄でも、七〇年代から広がり始め、八〇年代九〇年代を通して広く見られる姿になる。

それは、親自身が子どもに教えるというよりも、子どもの学校での成功が中心テーマであり、それを支えるものとして家庭教育が位置付けられる。そのサポートには、問題集・通販教材などの購入、そして学習塾通いなどと、かなりの金銭が必要であり、金銭・商品としての教育という性格が色濃いものである。ということで、教育に金をかける時代に至る。そのことが、世帯の経済力と深くかかわり、経済上の格差が教育上の格差につながるという点で、二〇〇〇年代に入って大きく問題にされるようになる。

こうしたことと並行して、学校も大きく様相を変えていき、受験実績が大きな柱になってくる。その変化は一九八〇年代半ばにははっきりしてくる。高校の通学区域が拡大され、受験専門高校ともいうべき高校が出現し、入学難易度で高校が序列化してくる。受験専門高校では、大学入学試験実績に焦点が当てられていく。

そうしたものとつながりあって、学力向上運動が八〇年代後半から学校ぐるみ地域ぐるみで展開されるようになり、それが二〇一〇年代まで継続している。その象徴的なこととして全国学力テストでの順位上昇が、沖縄教育界の中心テーマとなる。前に述べた「日本のなかでの沖縄の序列」への関心が、ますます強くなっていくのである。

ところで、日本では一九六〇年代から、「よい高校→よい大学→よい会社→出世して定年まで勤務」という流れが、標準的な生き方として成立してきた。ここで「よい」というのは、端的にいって偏差値が高い高校・大学、そして大企業と理解されてきた。

こうした流れを私は「ストレーター・コース」と名付けたが、そのコースに乗ることが子ども達に求められ、家庭教育にはそれをサポートすることが求められた。このコースに実際に乗ることには限りがあったのだが、九〇年代半ば以降、新自由主義的施策の広がりのなかで、コースに乗れないで非正規雇用に就くものが以前よりはるかに増大していく。

全国的にはそうしたありようの矛盾が激しくなって、問題解決の必要性がますます高まってきた九〇年代半ば以降、沖縄では、逆に「ストレーター・コース」に乗ろうとする動きがますます高まり、そのコースを歩むことが標準化し、学校も家庭もそれを支えることが中心的課題だととらえるようになる。これまた、日本に近づくことこそが、沖縄の課題だという捉え方の象徴的なものの一つといえよう。

市民化と孤立化

関係する人が全員参加するのではなく、選択にもとずいて任意参加する組織が、この時期に広がり一般化していく。それらには、企業・NPO・サークル・社会運動組織・福祉組織など多様なものがある。沖縄における企業の開業率閉業率の図抜けた高さがそれを示唆しているかもしれない。その背後には、市場システムの浸透があり、さらにメディアの拡がりがあるといえよう。

こうした組織をつくり参加していく動きは、市民化としての個人化といえよう。そうではなく、そうした組織を避けようとする動きは、孤立化に近い個人化といえよう。それは、自主的な組織から距離を置くが、巨大なシステムのなかに「受身的に埋没していく」動き、別の言い方をすると、「指示待ち人間」化といえるかもしれない。孤立化した人達は、「自分は人見知り」性格だと思いこみ、人々との具体的な付き合いを減らし、金銭で購入する商品で生活する比重を高める。それに近いものとして、バーチャルな情報のなかで生きるありようも広く見られるようになる。それは、人々のつながりという「財産」を意味する社会資本において強みを持っている沖縄社会のありように、変容をもたらしてきている。

この二つのありよう、つまり市民化と孤立化との矛盾・対抗関係のなかで、人々が生きている状況が広く見られるようになったのが、一九九〇年代以降の沖縄社会の特性だとも言えよう。

文化芸能の展開

一九七〇年代以降、沖縄における文化芸能分野では、長い歴史を持つものと、マスメディアを媒介にした新たなものとが絡み合いつつ進行する。人々の日常生活レベルから豊かに展開してきたものと、マスメディアや市場動向から作られたものとが絡み合って、より一層巨大な動向を作り出してきた。それは、メディア・市場、愛好者組織などによって支えられつつ、個人の自由選択をもとに広がっている。

音楽芸能分野でいうと、民謡や古典などに加えて、クラシック・ジャズ・ポップスなど多彩化を伴っている。音楽芸能以外の写真・絵画・陶芸・彫刻・織染・デザイン・盆栽・料理など実に多彩な分野での展開も注目される。長い歴史をもつものだけでなく、歴史の浅いものにあっても、沖縄的なものとして展開していることが注目される。また、文化的嗜好の中での沖縄的特性の追求が、人々とくに若い世代における沖縄アイデンティティと結びついて展開している点が注目される。

それらの分野の愛好者組織としては、民謡・古典・舞踊などの道場（研究所）、サークルなど多彩なものが展開し、既存の青年会・婦人会（女性会）なども、そうした動向に対応して、任意参加的要素を高めつつ、組織を再編してきている。

似た分野として、スポーツがある。野球・サッカー・バレー・バスケットボール・ハンドボール・テニス・ゲートボール・ゴルフ・釣りなどといったジャンルにおいて、多彩な組織が作られ、活発な活動を展開している。それらの組織にも、少年スポーツチーム、部活、地域チーム、サークルなど多様性がある。こうした文化芸能やスポーツ分野には、沖縄在住者のかなりの比率の人々が参加している点も注目される。

政治的支配とは直接的かかわりが薄いこうした分野においても、日本との関係でいうと、明治以降百年余りの歴史のなかで、差別・コンプレックスの問題が存在してきた。それらの諸分野において、日本とは異なることに否定的なものを感じたり、日本と比較して沖縄が劣っているというコンプレックスを感じたりする例が膨大にあった。そして、差別・コンプレックスのなかで、沖縄から脱け出ることをテーマとする動向が、沖縄の人々自身のテーマにすることが長く続いてきた。

しかし、一九八〇年代以降、コンプレックス構造から脱け出る動向が強まり始める。わかりやすい例でいうと、高校野球全国大会で、敗北続きではなく勝利を収めることが出てくるだけでなく、優秀な成績を収めることとさえ出始めることで、「溜飲を下げる」感覚が広く見られていく。

このテーマは、日本（本土）との関係として登場することに特性がある。そして、日本とか本土とかをコンプレックス対象にすることから、沖縄に自信や誇りをもつものへの変化も広まっていく。音楽における沖縄的特徴が人気を博することはその象徴例だろう。たとえば、喜納昌吉《きなしょうきち》について音楽研究者の久万田晋《くまだすすむ》は、

> 代表作（全ての人の心に花を）は、アジア全体でカヴァー曲が推定千五百万枚以上売れたともいわれる。沖縄から発信された文化が、近代以降これほどの広がりをもって他国に影響を与えたことはかってなかったのではないか（久万田晋「九十年代沖縄ポップにおける民族性表現の諸相」沖縄県立芸術大学大学院芸術文化学研究科編刊『沖縄から芸術を考える』一九九八年、一三五ページ）。

と指摘する。

それは、沖縄以外の本土の人々にも見られ、沖縄への興味関心、さらに愛好などの機運を作り出していく。二〇〇〇年代初めの「ちゅらさん」人気はその象徴だろう。それが沖縄観光の広がりをも生み出し、「沖縄ブーム」と言われるような事態が生まれていく。

その結果、前出の二〇一六年の県民意識調査では、「沖縄の文化・芸能を誇りに思いますか」という質問に対し、「とても誇りに思う」「まあ誇りに思う」と答えた人の合計は（中略）九五・六％」（前出『二〇一六沖縄県民意識調査報告書』二八ページ）になっている。

「沖縄―日本」構図の新たな形

これらの動きの中で、それまでの「沖縄―日本」構図とは異なるものが登場してくる。久万田の沖縄のポップグループ・アヤメバンドについての指摘に注目しよう。

沖縄対日本という対立構図に捉われない方法が、意識的なものか無意識的なものかははっきりしない。しかし、少なくとも先行する喜納昌吉や照屋林賢のように、ヤマトゥを沖縄（民族・文化）と対立するものとみなし、そこから自らの音楽様式を組み立てていくような態度は、ここにはほとんど見られない（同前一四三ページ）。

さらに、それまで沖縄的と考えられてきた枠にこだわらないものを沖縄的とする動きも沖縄ポップのなかに生まれてくるとの久万田の次の指摘にも注目したい。

「沖縄」とは、沖縄ポップの表現者達から憧憬され、仰ぎ見られ、理想化されるイメージなのである。こうした想像上の理想郷としての沖縄イメージ、希求されるべき「本質」としての沖縄イメージが生み出され続けている。

（中略）「沖縄」の外部からのオリエンタリズム的な理想郷表現にとどまらない。あるいは日本（ヤマトゥ）に対抗すべき排他的で強固な沖縄本質主義的表現にもとどまらない。両者の間で互いに視線が交差し、フィードバックし続けるような、横断・循環運動を内面化する運動なのである（同前一五九ページ）。

こうした動きは、文化芸能・スポーツや観光だけでなく、それらを先導役として多様な分野で広がっていく。そして、それらと並行するかのように、社会運動の高揚が九〇年代以降見られるようになってくる。米兵による少女暴行事件、普天間基地撤去、教科書検定、辺野古新基地反対など、多様な問題での社会運動は、一九五〇年代の基地闘争、一九六〇年代の復帰運動などに匹敵する大規模なものとなっていく。それらは、沖縄的を肯定的に捉え、ウチナーンチュの誇りにかけるという性格をもっていく。

そうした動向は、一九九〇年代以降繰り返して開かれる「世界のウチナーンチュ大会」にも表れ、ウチナーンチュの誇りと結びついている。

外部支配国家支配について見ると、明治以降日本国家が独占状態にあったが、戦後二七年間は米軍が掌握し、「復帰」前後から米日両政府がからみあう構図になり、さらにそのからみあいのなかに、沖縄県庁に代表される沖縄自身が当事者・統治者として分け入ろうとする動きが強まってくる。国家レベルが複数化していくというべきか、既存国家を絶対的なものとはとらえず相対化していく機運が高まってきたのである。

日本かアメリカかという選択だけでなく、日本政府と沖縄県庁とを、上下関係ではなく並列した関係で捉えようとしたり、あるいは、アジア・国連・世界といった多様な要素が入り込んでくる。沖縄の自治体代表者などが直接米政府に交渉に出かけるなどはその例だろう。また、第五章で触れる沖縄の自己決定権という発想もそれらとかかわりが深いといえよう。

日本「復帰」後の社会変化とリーダーの多様化

以上述べてきた社会変動のなかで、リーダー層も大きく変容していく。その変容をいくつか並べてみよう。

・教員層　地域リーダーとしての位置が低下するだけでなく、一九八〇年代以降になると、社会的政治的リーダーとしての位置も低下していく。
・第一次産業の比率低下のなかで、農業関係者が社会的リーダーとして登場することが激減していく。
・起業（企業）家から社会的政治的リーダーになる人が増加する。
・自治体職員から地域的リーダー政治的リーダー社会運動家になる人は継続して一定量見られる。組合リーダーから社会的政治的リーダーになる例も継続する。

・政党活動家は依然として多いが、本土との系列化が強くなる。と同時に、本土とのズレ・もつれも表面化してくる。
・女性組織、環境保護組織、平和組織、文化組織、福祉組織など多彩な分野からの社会運動家が増加する。NPO組織の大量形成が象徴だろう。
・政治家二世三世の存在も依然として多い。
・沖縄外からの移住者のなかで、経済的政治的社会的リーダーになる人が増加する。

こうして、全体としてみると、特定層にリーダーが集中することが減少し、多様なリーダーが広がっていく。それは、社会全体が多様さを増していることを反映しているといえよう。それは同時に沖縄自体が多様化しているともいえよう。

こうしたことと並行して、沖縄について自分なりに考え、声を出す人が広がってくる。その背景には、まず戦中戦後における日本軍や米軍とのかかわり体験がある。そして、しばらく経つと、自分が生活しているシマを超えて、他シマの人との出会い、さらには移民・出稼ぎ・就職・進学などのなかでの、沖縄外の多様な人との出会い体験がある。それらのなかで、沖縄アイデンティティをどうするか、沖縄的なものを出すかどうかといった選択判断に、個人レベルで迫られる体験が頻繁に出てくる。それらの中では、それ以前のようにリーダーに依存せず、個人としての判断を行う機会が増えていく。そのなかで、リーダーと一般人の境界は薄れていくと同時に、これまで述べてきたリーダー変容の基盤が広がっていく。

どこまでがウチナーンチュか

私の知人のアメリカ人で、ウチナームコ（沖縄女性と結婚した男性）でもあり、長い間沖縄に生活してきた彼は、自ら「ウチナーンチュ」と名乗り、世界のウチナーンチュ大会に参加している。

琉球民族独立総合研究学会は、琉球にルーツがある人を会員資格としていることが論議を呼んでいるようだ。たとえば、沖縄に長く生活する私に会員資格はないが、沖縄生活が長くはない私の子どもたちは、母親が「ミャークンチュ」なので資格を持つことになる。

第三章

沖縄・沖縄的を見る眼を再考する

1. 境界の意識

「ぐるみ」「一体」という発想

「沖縄ぐるみ」といった沖縄全体を指すことから、「市町村ぐるみ」「シマぐるみ」まで、さらには「家族ぐるみ」まで、「ぐるみ」といった言葉を好む人が沖縄には多く、日常的に登場している。「ぐるみ」は、その内部にいる人々を一体一色のものととらえがちで、「沖縄ぐるみ」は、沖縄を一体一色のものととらえる発想に通じる。同様に、沖縄を含めて日本を一色に染め上げ、「一体のもの」と考えることがある。一九四五年の沖縄戦に至る過程では、その発想が沖縄を否定する役割を強く果たした。

沖縄をこのように一体一色として論じることは、一五世紀の琉球王国成立までさかのぼることができよう。とくに第二尚王朝尚真《しょうしん》王の時期における中央集権国家整備に伴い、このとらえ方が強くなり、「琉球」としての自己意識が支配層ならびに海外交流を担う層に強まったと推測される。薩摩支配下の一七世紀以降には、中国と日本との対外関係を意識しつつ、大和・薩摩との関係に強く規制されながらも、琉球（沖縄）的なものが展開していくが、王国統治の中には「一体のもの」という発想があったろう。ただそれにかかわるのは、士族や海外交流にかかわる人に限定される。一九世紀後半に明治国家の統治下に入ると、日本との関係を基軸にしてとらえ、沖縄を「一体のもの」として日本のなかに入れ込んでいく動きが強まる。

このように支配側が設定したタテマエ・標準とされるものに合わせて、沖縄・琉球を一色に染め上げる思考が見られる。と同時に、そこに生活している人々が一色に染め上がっているかのように外側からは見えるが、これらの時代での地方農村では沖縄・琉球という自己意識は薄かった。

一九世紀までの村落共同体（シマ）は、地方農村の単位であり、一つの完結した単位として小宇宙を形成し、村内法などによって人々の生活を統制していた。また祭祀をとおして、人々の世界観を同一のものとし、生産と生活にわたって、人々のありようを共通のものにしてきた。そのため、一九世紀までの地方農村における「一体」「ぐるみ」の単位はシマであり、沖縄全域をイメージすることは例外的だった。二〇世紀に入って以降もシマは強力に生き残り、二一世紀になっても人々の意識の中に強く残っているところは多い。

沖縄・地域・家族などを一色に括ろうとしても、そこから逃げるもの、隠れるもの、漏れ出るもの、さらには反抗するものが出てくる。とくに二〇世紀に入りシマの世界から、家族と個人そして任意で形成する社会組織の世界へと、人々の生活における比重が移行していく中で、そのことがはっきりしてくる。

そのなかで、「ぐるみ」「一体」は、それまで実体があったシマの共同世界とは異なって、なんらかの地域や組織などに所属感を持つ者たちが共有するものへと移っていく。それは、個人のもつアイデンティティ感覚の問題にもつながる。そして、それらの言葉は、とくに社会運動のなかで使われていく。一九五〇年代の土地闘争、一九六〇年代から七〇年代初頭にかけての復帰運動が典型だ。そして、近年では、反基地・米兵による暴行事件・教科書問題などにかかわる社会運動のなかで多様な形で使われる用語となる。中には、犯罪防止運動、交通安全運動などにも使われるし、さらには地域における学力向上運動のなかで使われる事もある。

それらの社会運動のなかで、「ぐるみ」「一体」感をもつ人と同時に、それらから距離を置こうとする人もでてくる。沖縄にアイデンティティをもつものは、沖縄としての「一体」「ぐるみ」感をもちやすいし、それをもたないものは、違和感をもち、距離を取る。

境界

そうした一色に染め上げる発想では、一色になる範囲と、一色にならない外側との間にひかれる境界が問題になる。だが、境界を無視して、内と外とが豊かに交流する例が広く見られるし、それが沖縄らしい特性だといえるかもしれない。人々が、押しつけられた境界を無視して（越えて）つながり、交流協同する例が多いのだ。

たとえば、戦後の与那国は、台湾との貿易が盛んだった。だが、権力機構はそれを非合法とみなし「密貿易」と呼んだ。また、戦後の奄美が米軍統治下にあった時、「本土」と奄美間で、また奄美が日本統治下に移されると、沖縄本島と奄美間で、権力による規制を越えて移動交流する動きがあった。それは権力側からは「密航」「密貿易」などと呼ばれた。沖縄本島が米軍統治下にあった時期、沖縄本島と与論島の間を通る北緯二七度線上で行われた「本土」代表と沖縄代表との海上交流は、復帰運動のなかでシンボル的意味をもった。

境界内部にあっても、一色にならないところがあるし、大きな違いを持ったグループが併存することは多い。たとえば、王国時代の士と百姓という身分の違いは、境界に匹敵するものだろう。また、シマとシマとの間の境界が強く存在し、シマ間の差異が大きい時期が長く続いた。シマクトゥバには、シマによる違いが大きく、今も違いが見られる。さらに、本島周辺と先島との地域差は今なお大きい。

だが、それらの違いも流動的だ。それは、人々の移動、国家支配による境界の変更、交通手段の変化、自治体の統廃合、メディアの変化などと結びついている。歴史的に見てそれらのなかでもっとも強い影響力をもってきたのは、外的権力による政治的軍事的支配によって作られた境界である。

しかし、外的権力によって作られるものに抗しながら、ひっくり返しながら、ズラシながら、無視しながら、歪めながら、和らげながら、対応してきた歴史は長い。そこに沖縄らしさを見いだすこともできよう。

境界の意識

「沖縄的」と「沖縄的でない」とを区別することには、沖縄内と沖縄外との区別が結びつくことが多い。それは、内と外とを区別する境界を意識することにもつながる。

内と外とを分ける境界には、いろいろある。シマで生活する人々にとっては、まずは他シマとの境界が区別の最大のものになる。沖縄の農村地域に住む人々は、近世以前だけでなく最近に至るまで、一つのシマの人としてのアイデンティティが強く、ウチナーンチュとしてのアイデンティティが出てくることは少なかった。対照的に、琉球王国時代に首里那覇泊《とまり》に暮らす士族にとっては、琉球王国とのかかわりで、王国の領土とその外との間に敷かれる境界を重要なものと意識することを含んで、「琉球」を意識することが多かった。このように、王国時代の農民と士族とでは、琉球（沖縄）についての意識は、大きく異なっていたのである。

実は、こうした境界を一つしか持たないことは少なく、複数のものを持ち、それらを使い分けてきたのが実際であろう。たとえば、近世農民を例にあげると、他シマとの境界、他間切との境界、北部中部南部という地域の境界、首里那覇など都市地域との境界などが併存していた。

それらの境界に対応して、境界の内側の地域についての意識が成立し、アイデンティティが作られる。だから、複数の境界をもつことは複数のアイデンティティを持つことになる。

そして、いろいろな境界についての意識には強度の違いがある。近世を例にして沖縄意識琉球意識を見ると、士族の場合には、中国や日本など海外地域との境界を意識する際に強まる。対照的に、農民においてはそれは稀である。薩摩役人等のシマや間切りへの来訪、あるいは台風などによる難破船漂着など稀な場合に限られる。といっても、農村の地方役人層においては、奉公という形で首里の御殿・殿内に滞在する際には、主人家族を通して、それを意識することがあったろう。

境界意識を強めるものについて三つ指摘をしよう。境界意識は、共通するものを持つ人たちとともに作る内の意識として生まれるのだが、まず第一に、外での体験、あるいは外との出会い交流体験の有無濃淡に左右される。ずっと内にだけいて、外との出会いが少ない人は、そうした意識を持ちにくいが、内と外とを出入りする体験が多い人は、持ちやすい。

それらの体験には、いろいろなものがある。並べてみよう。

戦争　外交交渉　商業取引（貿易）　運送　漁業　移民出稼ぎ　旅行　進学就職　来訪者との接触（漂流者との対応も含む）　来訪者や支配者が行う勧誘や強制など、住民への関与・介入

第二に、琉球王国・明・清・薩摩藩・江戸幕府・大日本帝国・米軍・日本国など国家・国家的なものとのかかわりで、沖縄・琉球を意識することが多い。特に、戦争・軍事をはじめとする国家間緊張・対立・交戦によって、強まることがしばしばだった。

三つ目として、自然環境的な要因がある。島を隔てる地理的要因、気候の差異などもそうだろう。さらに海流などがかかわるかもしれない。

境界の意識化を強めるものがある一方で、境界を弱めたり取り外したりする動向も視野に入れる必要がある。インターネットなどの通信手段、船・航空機などの移動手段、移住などがそうした要因になることがある。婚姻などもそうであろう。また、差異を意識していたものが、共通性を意識することで、境界が弱まることもある。これらの諸要素のからまり具合で、境界意識が強まったり弱まったりする。

2. 沖縄の内と外とが接触する所

境界意識の生成消滅、強化弱化、そしてさらに、とまどい、矛盾、対立などを考える際、沖縄人と非沖縄人との接触する所が注目される。

沖縄外にあるウチナーンチュ居住地域

沖縄外にあるウチナーンチュ居住地域では、隣地との間で、そしてウチナーンチュ以外の人々と混住していれば、現地住民だけでなく、沖縄以外の日本各地からの移住者との接触・協同活動のなかで、多様なことが生じる。

例えば、海外の移民先で、沖縄出身者が他府県出身者と「変わらない日本人」であろうとして、時には沖縄出身であることを隠そうとすることさえある。対照的に沖縄出身であることを隠さず、自己主張する場合もある。

※フィリピンのダバオでの沖縄移民をめぐって、小林茂子『「国民国家」日本と移民の軌跡――沖縄・フィリッピン移民教育史』（学文社、二〇一〇年）が注目すべき事例を提示している。

また、移民先から沖縄に戻る場合、移民二世三世で父母祖父母の出身地である沖縄に来て生活を始める場合なども、沖縄をめぐる多様なつながりと、沖縄への多様な視点をもたらす。沖縄戦当時、ガマ生活をしていた住民が「集団自決」に追い込まれようとした時、説得し命を救う役割を果たしたのが移民帰りの人だったという例がある。内側の認識しかもたない住民のなかで、外での体験に基づくものが作りだした結果である。米軍の一員として従軍した沖縄出身二世が、沖縄住民にガマから出るように説得した例もよく耳にする。

外から来て沖縄に在住する人と元から住んでいる人とが接する所

一九七〇年代以降、沖縄県以外から沖縄に来住する人が増えている。その多くは沖縄内で生活しながらも、外から持ってきた思考・行動様式を持ち、外とのつながりを持ち続ける人達である。彼らには、来住の契機、来住者の現在の居住地・住居、来住期間、沖縄の「内」に入ろうとする気持ちの濃淡などによって、沖縄とのかかわりに大きな違いが生まれる。たとえば、仕事の転勤で、勤務先が提供する住宅（宿舎）に、二〜三年間住み、沖縄の「内」に入るつもりが少ない人の場合には、人間関係が、職場・同一宿舎でのつきあいに限られがちだ。子どもの通園通学や趣味などをきっかけにしての付き合いがあるかもしれないが、多くはない。いわば、一時滞在者の延長上である。来住前のものを保持することが中心になり、沖縄への関心・沖縄についての思考・行動をそれほど広げ深めるわけではない。沖縄アイデンティティをもつことはほぼない。中には、沖縄への否定的対応をする人もいる。また、セカンドハウス的感覚で、沖縄生活を始め、住民票を移さないでいて、地元とトラブルを生じる人さえいる。

とはいっても、偶然のきっかけで、地元の人々との付き合いが始まって、沖縄への関心が深まり、一時滞在ではなく、勤務先が与えた宿舎から離れ自分で住宅を借り、さらには自宅を取得し職場も変え、沖縄生活が長くなる人もいる。沖縄アイデンティティに類するものを持ち始める人もいる。近年では、沖縄への関心の強さを動機にして、あるいはウチナーンチュとの結婚を契機にして沖縄移住し、沖縄で仕事を見つける人も多い。そうした人のなかには、「ウチナーンチュ以上にウチナーンチュだ」と言われる人もいる。シマクトゥバを巧みに使う人もいる。

海外観光客の激増につれて、海外からの移住者数もうなぎ上りになり、中国・台湾・フィリピン・タイ・ネパール・ブラジル・ペルー・アメリカなどからの移住者が増加する中で、沖縄の多文化社会的様相が少しずつ深まってきている。彼らのなかには、ウチナーンチュと婚姻関係を持つ人も多い。これらの移住者と地元の人々との多様な交流・トラブル・協同が生まれてきている。

一九四五年以降の大規模な米軍関係者の沖縄生活が、沖縄社会に大きな影響を与えたことは特筆すべきことである。大量の軍人軍属とその家族が沖縄で生活し、地元の人々と接触していることは、沖縄に測り知れない影響をもたらした。

二〇世紀以降のこのように大量の移住者の存在は、多様な移住が大規模に展開した一四世紀以前と対比する検討があってよいかもしれない。

沖永良部・八重山など

琉球王国による統治、薩摩統治、鹿児島県管轄下、米軍統治、鹿児島県管轄下という具合に、奄美をめぐる国家がかかわる統治の変化がもたらしたものは大きい。

奄美の一つ沖永良部島についての同島出身の文化人類研究者である高橋孝代の提起は、それを示す。

沖永良部島は、沖縄島から多くの文化的影響を受けており、島民は文化的に沖縄に強い愛着をもつが、ウチナンチュとしての意識はない。また日本人意識が強いにもかかわらず、一方では本土の人をヤマトンチュと呼び区別する。島民が、本土と沖縄の両方に属しているようで、完全にはどちらにも属していないような曖昧で一見、矛盾したようなアイデンティティをもっているのはなぜなのか（高橋孝代「周縁社会の人の移動と女性の役割」前出『沖縄学入門』二三二ページ）。

高橋は、こうした問いを受けて、さらに「出自によるアイデンティティ」と「文化的なアイデンティティ」（同前二四三ページ）という問題提起を行っている。

次の八重山の人々の自己認識にかかわる社会人類学・地域社会論研究者の上水流久彦《かみずるひさひこ》の指摘も注目される。

八重山の人々の自己認識において時に、「ヤマトンチュー」に対抗するなかで八重山の独自性が強調されることがある。そこでは日本は、負の価値を持った存在として対象化され、自己とは異なる存在として異化される。そして、外国台湾と隣接するという周辺性は独自性を支える一要素となる。一方で台湾への蔑視では、日本と自己を同一視する自分が存在する。台湾を遅れているとみなすとき、先進国日本は彼らの内部に存在することになる。このような日本との関係は、八重山が「日本であり日本ではない」立場に位置することを示している（上水流久彦「八重山にみる日本と台湾の二重性」小熊誠編『〈境界〉を越える沖縄』二〇一六年、森話社、一六九ページ）。

以上、いくつかの例を書いてきたが、沖縄自体が強大な勢力の周縁部におかれ、内外の多様なせめぎあいの場になってきたこと自体にも注目しなくてはならない。その際、ともすると、中国か日本か、アメリカか日本かというように、AかBかという二分論に押し込んで問題を把握しがちである。しかし、沖縄を周縁部に押し込めがちである二分論には収まりきれない、複雑かつ多様で豊かなものが、沖縄に存在していることに注目したい。

上記例はそうした沖縄全体の性格と沖縄の周縁部ないしは内外の接触場に位置するという二重の構図のなかにある。それは、沖縄をめぐって、あるいは沖縄と沖縄外諸地域との関係をめぐって、従来の認識枠組みを相対化する視点を作りだす。

3. 沖縄の内と外という見方

外部支配と沖縄

沖縄における支配の特質の一つは、沖縄内部の支配被支配関係だけでなく、薩摩支配や天皇制国家による支配、さらには米軍による支配、そして日本政府による支配という外部勢力による沖縄支配の状況が長く存在してきたことにある。なお、日本政府による支配を外部勢力による支配とはとらえない見方があることを断っておく。

そこで、外部支配勢力との関係で沖縄内部の動きを把握する必要がある。とりわけ外部支配勢力の主導のもとで行われる文化・教育も含めた様々な活動が、支配という性格をもって展開されたことに留意したい。その際、「外部のものが進んでいて沖縄のものが遅れている」というとらえ方が広く行われたことに注目したい。米軍支配や天皇制国家・日本政府による支配には、そうした性格が強く見られる。そのことを見ないで、それらを単純に「近代化」「啓発」と把握するわけにはいかない。

ここでは、天皇制国家・日本政府による支配に焦点をあてて考えてみよう。その際に、沖縄が日本の部分であるという捉え方が広く使われてきた。その捉え方をするなら、次のような視点を持つ必要がある。

沖縄は日本のなかで、地理・気候・政治・文化などさまざまな面でユニークな位置を占めているが、「近代化」「啓発」といった把握は、このユニークさを否定的なもので、沖縄的なものは遅れたものだととらえ、沖縄的なものから脱け出して日本「本土」に早く追いつくことに励み、「大和風」になれと主張される。たとえばユニークな沖縄方言や沖縄史が否定的なものとして排除される。その逆に、戦後の米軍支配下でみられたように、沖縄のユニークさを日本全体から切断して主張する論拠として使われたこともある。

重要なことは、日本がどのようにできあがってきたか、どのようにしていくのかということと、沖縄がどのようにできあがってきたか、どのようにしていくのかということとを関連づけて把握することである。仮に沖縄を日本の部分と捉えるとしたら、日本というものは単一のものではなく、日本のなかの各地域でのユニークな動向の総合として日本が形成されてきたという視点を重視したい。つまりユニークさの排除抹消ではなく、ユニークなものの出会いのなかで互いを高めつつ、ユニークさのハーモニーとして日本を形成していくという立場に立つのである。このあたりのことは

第五章六章で深めることにする。

次に、沖縄を対外比較でみるために、沖縄を一括して把握し、沖縄の内部的展開を見落としがちであることについても指摘しておきたい。沖縄支配をはじめとする対外関係の問題は、沖縄内部の諸関係を媒介にして沖縄内部に入ってくるのであり、それらが沖縄内部のどのような部分と結びあって展開されたのかを問う必要がある。たとえば、明治期における教育を分析するときに、明治国家の支配政策が沖縄内部のどのような部分と結びあって、かつどのような部分を育てることによって、あるいはどのような部分を抑えることによって展開されたのか、を検討する必要がある。

沖縄を一括してみることはまた、沖縄における自主的民主的発展をになう主体形成への問いをあいまいにしてしまう。

「もともとの沖縄にあったもの」と決め込まない

「○○は、本質的に～だ」とか「～は、もともとから○○だ」といった見方を、学術用語では「本質主義」という。その用語を使って言うと、「もともと沖縄にあった」という表現に見られるような本質主義的な沖縄的なものがあるわけではない。すべて歴史的に形成されてきたものであり、いまなお、さらに今後も形成・創造されていくものである。

無意識にであろうが、本質主義的に沖縄特性を語ろうとすることにしばしば出会うだけに、こうした視点を大切にしたい。無論、自然のように、数千年単位数万年単位で変化するものについて、数百年単位以内ならば、「沖縄はもともと亜熱帯気候だ」などと語ることはできよう。しかし、変容が激しい文化などについて、その特性を固定的に語ることは難しい。

そしてまた、シマクトゥバに見られるように、沖縄的特性を継承形成する動きと、抑圧排除しようとする動きとが、対抗関係をもつことも多い。また、相反するかに見える両者を同一の社会集団や個人が並存させることも多い。そして、その両者間のズレ・矛盾が意識的無意識的に表れ出ることもある。それだけでなく、両者間の葛藤を意識せず並存させたまま使い分けることも見られる。

こうした葛藤・並存といった視点でも検討をすすめることが不可欠である。それは次のような流れで捉えるということでもある。

生成（創出・移入・おしつけ）→変化（矛盾葛藤・並存・強制・抑圧）→消滅（転化・融合・統合）

こうした問題を考える際に、沖縄史研究者の屋嘉比《やかび》収《おさむ》の次の指摘は示唆するものが大きい。

> 沖縄の「伝統的平和思想」は、沖縄の人びとの本質的な特徴として昔からあるのではなく、歴史的に形成され構築されたものだと考えるべきである。（中略）それらの沖縄の「伝統的平和思想」は、ずっと昔からあるのではなく、むしろ戦後の厳しい政治的情況に向き合うことによって、新たに「発見＝創造」（中略）された言葉だと言えるように思う。（中略）それらの「発見」された言葉には、戦後沖縄社会における価値観が反映されており、その状況に対峙した沖縄の人びとの「主体性」が投影されている。
>
> また逆に、「命どぅ宝」「非武の文化」などのそれらの言葉を、事実性や実証性の観点から根拠不明で曖昧だとし一方的に裁断して否定するあり方に対しても、私は批判的だ。（中略）そのよ

うな言葉がなぜ形成され、なぜ戦後沖縄で繰り返し語られるようになったのか、その背景にある沖縄社会の状況や価値観を考察して同様に論じなければ、それが意味する全体像を把握することはできない（屋嘉比収『沖縄戦、米軍占領史を学びなおす』世織書房、二〇〇九年、一三九〜四〇ページ）。

「離島苦《しまちゃび》」という言葉がある。これまたもともとあった言葉ではない。これにかかわる平安座島《へんざ》についての優れた研究がある（佐治靖「「離島苦」の歴史的消長」松井健編『開発と環境の文化学』榕樹書林、二〇〇二年）。戦前、広域の漁業や海上輸送などによって、本島地域より豊かで便利な生活を送っていたといえそうな平安座の人々であるが、戦後、沖縄本島、とくに軍に就労の場を求めるようになって以降、「離島苦」が意識されるようになったという。そのなかで、本島と島を結ぶ海中道路が宿願となり、そのことが、石油基地造成問題につながっていくのだが、そうした過程がその研究で詳細に述べられている。

このように、「古くからもともとあった」と多くの人が思うような言葉でも、歴史の短いものが意外に多い。

内と外という分析視点

このように述べてくると、内と外という分析視点には、事態を誤ってみる落とし穴があることに気づかされる。本論自体も、これまでに「沖縄脱出か沖縄独自か」などのように二分論で、沖縄を把握する例をいくつか出してきたが、この把握は、外部からの沖縄支配が強い時に強化されやすい。

その典型は、「中国か日本か」「アメリカか日本か」「日本か沖縄か」である。沖縄統治をめぐって、政治的軍事的な性格を鋭く帯びてどちらを選択するかということが多かったため、沖縄をめぐる矛盾葛藤の把握を、二分によって単純化しがちであった。その結果、それ以外の多様なものを切り捨てる危険が生まれた。

にもかかわらず、内と外をはじめとして、次のような二つの対照的な視点で考えることには、一定の有効性があることも確かである。

・外的な権力支配として、あるいは、外的基準にもとずく外的評価として作られ押しつけ（与えられたものが一方にある。対照的に、外とのかかわりをもちつつも、主として内的な生活の中で、できあがる（作りだされる）ものがある。

・実体ないしは事実として存在してきたものがある一方で、構築物として存在するものがある。むろん、構築物であったものが、実体となっていくことがあるし、逆に実体と思いこんでいたものが、構築されたことが判明することも多い。

4. 沖縄外からの沖縄・沖縄的への眼

沖縄・沖縄的を発見し意識する

沖縄の「内」と「外」について語る時、外的支配が強い歴史が長いだけに、「外」からには支配的なものが多いと思われがちであるが、そうでないものもある。そのあたりを見ていこう。

内にいると、当たり前、日常的過ぎて、あるいは他との違いを気づきにくくて、沖縄的と意識しないことは多い。そうしたものを外の人の指摘を受けて、内部の人が沖縄的と意識することがある。また、それまで内にいた人が外に出て、沖縄を振り返って沖縄的に気付くことも多い。

また、沖縄内から見た沖縄的と、沖縄外から見た沖縄的とは異なる。外の人が、沖縄に対する肯定的な「見る眼」や「態度」をもつことを、「沖縄ひいき」とか「沖縄病」ということも多い。沖縄内と沖縄外との両者の違い・ズレが、多くの問題を提出する。と同時に、両者のからみあいのなかで、両者とも気づいていなかった新たなものを見つけることも多い。

それは、同一人物内においてもいいうることだ。たとえば、沖縄内に生活し続けていた人が沖縄外で生活するようになり、沖縄外の多様な人と付き合い始めて、沖縄的を見る眼・態度の中にあるズレを発見することはごくありふれた話だ。

たとえば、「飲み会」について、「食事をした後で飲もうとする」沖縄で見かけることの多い習慣、「飲んだ後で、食事をしようとする」沖縄外で見かけることの多い習慣との違いを発見し、ズレの調整を始める。そのなかで、「おなかに多少食べ物を入れておいた方が健康にはいいこと」、あるいは、「空腹でまずは一杯をやると美味しいこと」などを発見し、両者の良さを生かした「飲み会」が始まることもあるだろう。

その間に、相互の認識不足を発見しあうとともに、相互に新たな提案をして、新たな文化をつくることも起きうる。これらの発見や提案は、沖縄的について、その独自性を強めるのか、解消・抹消の方向へいくのか、あるいは新たな創出へと向かうのか、などの分岐を生む。さらに、その過程で、沖縄的にアイデンティティや誇りを感じていくのか、コンプレックスをもちアイデンティティ解消・忘却の方向へ向かうのか、といったことをも生み出してきた。

ところで、沖縄内の人と沖縄外の人との間に生まれるズレ・違いが対立となり、相手の主張を抑え込もうとする動きの事例が、歴史上たびたび存在する。先にも触れた方言論争は、このズレ・違いを鋭く提出し、多くの人をまきこんでの論争以上のものになった例だろう。

沖縄外の人の沖縄発見と教化・同化の眼

沖縄外から沖縄を見る人には、いくつかのパターンがある。まず、自分にないもの見たことがないものを沖縄に発見する、つまり異質発見というアプローチだ。一九世紀末に田島利三郎の「おもろさうし」に寄せた関心はその例だろう。沖縄の外からは、沖縄は「遅れている」と見ることが普通になっている中、沖縄のなかに「優れたもの」を発見し驚きをもつ人は、知識人に特に多かった。柳宗悦など戦前に来訪した民芸協会の人々が典型例だろう。

また、知識人に限らず、沖縄のなかに自己にないものを発見することを通して、自己を振り返る例は多い。沖縄の人との交流のなかで、自分たちにはない「純朴さ」「暖かさ」を感じ取り、そうしたものを「取り戻したい」と考える人に出会うことは、最近に至るまで結構ある。仕事や学業などで沖縄に滞在し、そうしたものを持ち始める人がいる。観光者にも見られ、滞在を延ばしたり、再訪したりする人が多い。

そうした異質発見をきっかけに興味を深めて、さらに追求するなかで、異質発見にとどまらず、対照的に、同質のもの、あるいは共通するものを発見する人もいる。そして、日本の「原型」としての沖縄を見いだす人もいる。柳田国男などがその典型例だろう。そうしたなかで、次のような発言まで登場する時代となった。

沖縄でのシンポジウムに参加していると、沖縄出身者が沖縄を自己表象する特権は、とうの昔になくなったことを感ずる。沖縄研究に、どこの出身かという特権はすでにないのである（渡邊欣雄『沖縄文化の拡がりと変貌』二〇〇二年、榕樹書林、三四八ページ）。

この発言を生むような状況は、一九六〇年代以降、急速に拡大してきた。それは、マスメディアを媒介にして、沖縄研究をする人に限らず沖縄住民一般に広がり、さらに沖縄外の人々にも広がっていく。

異質発見のなかには、観光の眼でもって沖縄に、たとえば亜熱帯特有の自然、エスニックな文化を感じ強調する人は多い。方言論争を引き起こした民芸協会も、実は沖縄観光促進策の一環として沖縄県に招かれたものだ。

以上と異なるものとして、教化・同化の眼と態度でもって、沖縄を見る人も多い。それは、明治政府が沖縄統治にあたって基本認識としてもっていた沖縄認識だともいえよう。沖縄県庁職員や学校教育の要職にあった人など、諸制度を推進する人々の共通認識ともいえるものだった。明治期沖縄の中等学校に勤務した児玉喜八とか新田義尊などは、そうした認識を公然と表明し、活動をすすめていった。そして、教化・同化は、制度上の権力位置にある人の公式イデオロギーであった。と同時に、制度上の地位を持たないとしても、そうしたイデオロギーを推進する人もいた。

そうしたイデオロギーは、沖縄外の人だけでなく、徐々に沖縄内にいて権力に近い人、権威的志向が強い人にも広がっていく。そして、彼らがいう「沖縄は遅れている」という認識が広がっていく。特に教育界では、それが共通認識とでも言えるほどになっていく。それは、「沖縄は遅れている」といったコンプレックス構造としても定着し、体質化さえしていく。そして、そうしたコンプレックス構造を克服・打破するものとして、「万国津梁の鐘」の銘文に象徴される一五世紀前後の海外交易などを持ち出すのが一つの型になってきている。

5．旅行者の眼　沖縄イメージ

本土からの旅行者がもつ沖縄イメージ

外からの眼の一つである旅行者の眼については、社会学者の多田治の優れた分析がある。多田治

『沖縄イメージを旅する』（中公新書、二〇〇八年）を参照しながら考えていきたい。

同書は、すでに戦前から沖縄観光の宣伝がなされていることを紹介分析している。大阪商船の沖縄旅行団募集文からの引用だが、「日本の内地でありながら遠く南に偏在するため、独特の南洋情緒を湛えている沖縄島」というものだが、それについて著者は、「この情緒は、日本というナショナルな同質性と、その南端という異質性が両立することで醸し出される」（四三ページ）と述べる。ナショナリズムにかかわる問題を、沖縄在住の人々のアイデンティティにかかわる問題としてだけでなく、ヤマトゥンチュ（ナイチャー・内地人）にとっての「ナショリナリズムと沖縄」として検討するアプローチは注目される。同書は、外国からの旅行者ではなく、日本本土から沖縄への旅行者、つまり本土にアイデンティティをもつ人々が沖縄を旅行する際のまなざしの分析が主要なのだ。

ところで、ある時一〇年ぶりにお会いする本土からの訪問者に、「浅野さん、東京に帰ることがあるんですか」と尋ねられた。私は、そういう捉え方をしたことがないので、「エーッ」という感じだった。本土からの旅行者の方々には、私のように本土から沖縄に移住した人に対しては、「本土に帰る」という表現がごく自然なのだろう。でも、私の感覚にはそうしたものが消えている。私にとっては「東京に行く」「本土に行く」なのだ。

戦前、朝日新聞記者が書いた次のものとそれについての著者のコメントは興味深い。

「政治的、社会的、経済的には、一日も早く他府県と伍して見劣りにせぬ沖縄のレヴェルにまで昇ってもらいたい。観光のアトラクションとしては、いつまでも龍宮を連想する美しい琉球であってほしい」

沖縄の政治経済の改良・振興を求める現実主義と、古きよき琉球へのロマン主義は、ツーリストの意識のなかで、かくも都合よく両立してしまう（四九ページ）。

この両立は今も強くある。対比される二つの発想・イメージ自体が、ステロタイプになっているのだが、それに対してどう考えるのか。ここには深い問題がある。

沖縄の「社会的、経済的」な「レヴェル」の遅れは、格差ないしは貧困イメージともいえようが、それは本土的まなざし、とくに商品金銭への過剰依存的な経済的まなざしからとらえられてきた。他方、ロマン主義的イメージは、超歴史的超社会的なものからとらえられ、沖縄の「癒し」イメージにはそうした性格がつきまとう。

旅行者のまなざしへの沖縄内の対応

こうしたイメージを本土からくる旅行者がもつのは事実としても、沖縄の現実は旅行者がもつイメージとかなり異なる。では、その旅行者の眼差しは、沖縄内にどのような対応を引き起こしたのだろうか。

「愛郷心を通して愛国心を示す」というような活動を推進し、昭和初めの郷土教育の重要な人物であり、沖縄教育界・言論界のリーダー的役割を果たした島袋源一郎に同書は注目する。彼は、改姓運動の「発案者・主唱者」でありつつ、沖縄の「郷土史の知識を普及」させていく。

こうした例は、今日に至るまで、教員層を含めた「沖縄の知識人」によくみられる。そしてそれは、「沖縄的なものの良さ」を強調すると同時に、本土を基準にして「沖縄の遅れ」を指摘し、「本土に追いつく」ことを主張する形で、今なお沖縄の教育界で支配的な発想でありさえする。こうしたことをどのように分析するのか、一〇〇年来の課題ともいえよう。これにかかわって、著者は次のように述べる。

沖縄が貧困に苦しむ暗い時代に、彼がここまでポジティブな沖縄イメージを演出して語れたのは、相手をツーリストに設定したからだろう。こうした沖縄への観光のまなざしを確立するとともに、そうした外からのまなざしを内にはね返らせ、地元民が郷土を愛するまなざしにも活用する作業が、同時に行われていたのである（七七ページ）。

興味深い指摘であるが、一点だけ私なりの指摘をしておきたい。「沖縄が貧困に苦しむ暗い時代」という点にかかわってである。著者は、いつの時代のどのような事態を指して、このことを述べているのだろうか。こうした表現は、長い間、頻繁に使われ、今日なお「決まり文句」に似たものさえなっている。いわば沖縄の貧困イメージ・暗いイメージとさえいえるものだ。

著者は一九四〇年の沖縄方言論争についても分析を深める。

沖縄の人びとが憤慨し違和感をもったのは、柳ら中央インテリ文化人たちの、ツーリスト的な沖縄へのまなざしと語り口に対してであった。「素晴しい、美しい日本古来の文化がここにある」

と、柳らがどれだけ言葉を尽くして沖縄をほめようと、彼らが沖縄を外から客観的に見て、上から批評していた姿勢は明らかであり、生活者の視点にはほど遠かった（八三〜四ページ）。

興味深いのだが、沖縄側についていうときに、「沖縄の人びと」「生活者の視点」という言葉が誰を指すのかに私はこだわる。というのは、この論争において発言した沖縄側の人びとは、教育界を含めて、沖縄の指導者たちだったのであり、「沖縄の人びと」「生活者」のなかでは、かなり限定された方々であるからだ。

この問題に私が触れる一つの理由は、沖縄の「生活者」「人びと」の多くは、方言矯正強制・改姓「指導」に、公的な形での異議申し立てをしなかったとしても、生活レベルでは、戦後しばらくまではそれほど従ってこなかったからである。

沖縄病と癒し

同書には、「沖縄病」（一〇五ページ）についての指摘がある。その指摘をヒントに、私なりにいくつかのことを述べよう。

沖縄旅行をして沖縄病にかかる前、「本土」の多くの人は、沖縄についての限られた認識、しかも、偏見・差別を含んだ認識をもちやすい。だから、沖縄訪問をして、「意外に便利だ」「亜熱帯で美しいけど、結構本土と同じような植物がある」「方言が中心だと思ったけど、結構標準語が通じるんだ」「沖縄も日本なんだ」などの感想を聞くことが一九七〇〜八〇年代にはよくあった。今でもそれに近い感想を聞くことがある。

一九八〇年ごろ、ウチナーンチュとの結婚話の相談もあって東京から来たある女性は、「東京の人は、こんなお菓子が好きなんです」と私に手土産を渡した。そこには、上品な東京の人が、そういうお菓子を知らない沖縄の人にあげるという雰囲気がにじんでいた。偏見・差別の変形としての「同情」「憐れみ」には、よく出会うものだ。

私たちのように、ウチナーンチュとヤマトゥンチュの結婚は、一九七〇年代初めごろまでは、沖縄に対する偏見・差別意識の関門を多少なりともくぐりぬけなくてはならない例が多かった。「沖縄人は人種が違う」とさえいわれて、大喧嘩をした個人体験もあった。

そうした偏見・差別意識をもって沖縄旅行した人が、「罪責感であれ南の楽園であれ、弱者・周縁を領有（植民地化）する」形をとりつつも、それまでの沖縄認識の変更を含んで沖縄認識を一歩すすめることも事実である。そして、「沖縄病」に「はまる」人も結構いる。

そこのところを見事に活用した人がいる。琉球政府主席・沖縄県知事をつとめた屋良朝苗だ。一九五〇年代から六〇年代にかけて、沖縄教職員会会長として復帰運動の中心的役割を果たした彼は、沖縄の教師のほとんどが参加する教育研究集会に毎年、本土の著名な人物を招いて記念講演をさせ、かれらを「沖縄病」にかかるように仕向けていった。そして、「復帰運動」の支援者づくりをしたのである。私は、一九八〇年ころ、彼にインタヴューしたときに、その「作戦」を聞いた。（浅野誠『沖縄教育の反省と提案』明治図書、一九八三年参照）

この「沖縄病」にかかり、リピーターになっていく人は結構多い。そして、徐々に沖縄の人々の日常生活に触れるなかで、沖縄認識を改め深めていく。なかには移住する人も出てくる。そういうなかで、沖縄の生活者として発言する人も出てくる。ここまでくると、旅行者ではなく、沖縄の共同の担い手の一員になってくる。

こういうプロセスのなかで、沖縄来訪以前に抱えていた「傷」などを「癒し」ていく人がかなりいるのも事実だ。数日間の沖縄旅行での「癒し」とは、かなり異なる。「癒し」ブームの中で、その内実を問題にして批判する記述に出会うことがある。そうした「癒し」を批判するのはたやすいが、その「癒し」の具体的内実に入って考えていく必要があろう。

こんなステップの最初の一つとして、「問題」を含みつつも「沖縄病」があるのではなかろうか。その「沖縄病」は、いずれ「治る」のだが、対照的なタイプがある。沖縄の生活者になっていく人と、沖縄の「あら」「欠点」が見えてきて、沖縄から去っていく人とである。

観光イメージとしての沖縄

一九七〇年代、沖縄はイメージ消費の観光対象へと変化していくという指摘を多田は行う。たとえば、

「電通」が設定した「『ファンタジア沖縄』は、まさに沖縄版『ディスカバー・ジャパン』」であり、「『青い海』『白い砂浜』『ビキニの女性』というイメージの三種の神器が定番」となっていく。そして「『沖縄に行けば、何かがおこるかもしれない』」という「漠然とした未来への期待・幻想を高めさせる」のである。それはまた、「『日本のなかにありながら異質な亜熱帯としての沖縄』」

というイメージと結びついていた（一一六ページ）。

と述べる。そして、注目したいのは、「沖縄キャンペーンは、観光客だけに向けられたものではなく、県民に『沖縄県民』としての意識を促すキャンペーンでもあった」という指摘である。それは、次の指摘へと連なっていく。

六〇年代の戦跡中心の沖縄観光が、大きく組みかえられてゆく。沖縄キャンペーンは、沖縄の歴史・文化や県民を、観光振興に適合させようとした。あるがままの沖縄を外にアピールするのでなく、演出したいイメージに合わせて新たに沖縄を構築していく、県内向けの能動的な機能も持ち合わせていた（一四三〜四ページ）。

こうしたなかで、ニライカナイ信仰にかかわって、

海洋博において導入された、海をまなざす純粋な視覚的快楽のフレームは、こうした信仰とは無関連かつ対照的に、海洋レクリエーションへの欲望を呼び起こす。沖縄のローカルな歴史・伝統に根を張った信仰・価値観から、本部の海の風景を美的なイメージとして切り離し、観光のまなざしのオブジェへと変えてしまう（一二二ページ）。

注目すべき指摘である。久高《くだか》島、斎場御嶽《せーふぁうたき》など東廻り《あがりうまーい》といった聖地を多くもつ、私が住む知念半

島では、こうした「観光のまなざしのオブジェ」化が、この時期ではなく、二〇〇〇年前後から進むようになる。斎場御嶽などは、一九八〇年代には、丈の高い草をかき分けて、ハブが出ないかと気遣いながら訪問する所であった。七〇年代半ばに私が初めて訪れた久高島は、馬天港《ばてん》からポンポン船に乗ってでかけるところだった。幸か不幸か、時期的に遅れたためか、オブジェ化された観光とは少し距離をおいた「癒し」の「聖地」的性格を、いまなお多分に持っている。その意味では、本島西海岸や本部《もとぶ》とは異なったイメージで訪問する旅行者の場となった。今でもというか今でこそというか、信仰的世界と結びついた「癒し」イメージのなかで訪れる人、リピーターや移住的性格を濃厚にもった人が訪れる場となっている。

こうした「信仰」「癒し」の問題と並んで、「復帰運動」「平和運動」などにかかわって沖縄を訪問する旅行者についての分析も必要だろう。さまざまな集会の開催や運動交流の展開のなかで沖縄を訪れる人は、一九六〇年代以降かなりの数にのぼる。

「復帰」前は、パスポートと高等弁務官が発行するビザの取得が必要であり、かなりの人が発行拒否にあっていた。私の知人にもいる。私の個人体験でいうと、一九七一年に結婚準備と就職活動のために沖縄を初訪問した。その際、私は渡航目的を目的通り手書きで記入しようとしたら、旅行社の人におしとどめられて、「観光目的」にしてタイプライターで記入することを強力に勧められた。沖縄に行く必要に迫られていた私はそれに従った。

だから、私のみならず、当時の多くの旅行者が、沖縄の政治的状況に強い衝撃をうけつつ訪問しただろう。そのことは、復帰後においても、形を変えて続いている。そして、その沖縄の政治的状況を意識しつつ、沖縄訪問する旅行者も多い。沖縄修学旅行の多くも、たんなる「観光」ではなく「沖縄学習」「平和学習」的性格を濃厚に持っているのだ。

大学関係でいうと、一九七〇年代に沖縄に来る本土出身者には、学生と教員がいる。かれらの多くには、「沖縄こそ行きたかった」というプラスイメージと、「沖縄に来るしかなかった」というマイナスイメージとのいずれか、または両者が入り混じって存在していた。両者ともに、多田がいう「異質」なものへの反応があり、「異質」への対応にプラスマイナス双方があったともいえる。

マイナスイメージには、沖縄への差別感覚が含まれていたが、それには、後には「偏差値」といわれるようになった「序列」意識とも結びついていた。たとえば、琉球大学はもっとも入学しやすい国立大学の「穴場」とされていた。その穴場をねらって入学してくる県外学生の増加と対照的な県内学生の減少をきっかけに、七〇年代末に「沖縄の学力問題」として、爆発的論議を引き起こした。多田が言及している、沖縄の外からのイメージが、内からのイメージ「構築」に結びついた一例ともいえよう。

「沖縄ブーム」から「沖縄スタイル」へ

同書の一九八〇―二〇〇〇年を対象にした記述では、沖縄に来る旅行者が大量になるなかで、苦いと嫌われていたゴーヤが好かれはじめたように、「メディアの健康言説が、沖縄料理の味覚評価をコロッと変え」る事態、それと似たいろいろな事態が書かれている。そうしたことをめぐる多様な指摘のなかで、以下の記述には興味がもたれる。

情報環境が高度化するなか、沖縄イメージはいまや『本土と沖縄』『内と外』の二項対立的な区分を超えて広がり、その区分自体を一方では脱・分化していく。ツーリストと地元、両者のまなざしは互いに、幾重にも媒介されている。リピーターの増大や移住がブームとなるなか、ツーリストも生活者の視点やライフスタイルを徐々に身につけていく。私はこれを、『沖縄ブーム』から『沖縄スタイルへ』の変容と読んでいる。それは『非日常の日常化』であり（後略）（一五六〜一五七ページ）。

「脱・分化」「沖縄ブームから沖縄スタイル」という二つの指摘。それは、沖縄的なものの解消・希薄化というわけではなく、沖縄的なものの新たな形成だといえよう。それに、「新旧のヤマトンチュ」が参加することが多くなる点が注目されよう。また、旅行者から移住者へと移る人が増えてくるなかで、「沖縄ブームから沖縄スタイル」という表現は、事態の特性を言い当てている。

こうした過程で、片や、琉球音楽舞踊のように「古典」を復活継承しようという動きと、片や沖縄的特性を今日的なスタイルで表現しようとするものがでてくるなど、沖縄的特性をめぐる新たな様相が生まれてくる。

沖縄的なものの形成動向は、単なる「ヤマト化」「本土化」という形だけで進行するわけではない。「外」の世界との交流のなかで、多様なものを受け取りつつ、新たな形成へと展開していく。その意味では、「チャンプルー文化」を創造していく。チャンプルー文化とは、いろんな文化がチャンプルーされているというよりも、チャンプルーとして形成している行為自体に特性がある。それは新たな沖縄的なものの形成という性格をももつ。

こうした沖縄の「内」での事態の進行と同時に、沖縄とかかわることを通して、ヤマトンチュが強い刺激を受けて、自らを変える過程を生み出していく点についても検討していく必要があろう。外部からの沖縄への影響という事の検討に比して、沖縄から外部にもたらした影響の検討が、余りにも少ないなかにあって、こうした検討は有用だろう。また、「沖縄」「メイドインオキナワ」というブランドが作られ、あるいは沖縄住民が海外各地にでかけて、多大な影響をもたらしてきたことにも注目しておきたい。そうした対外的影響が、反転して沖縄内への反作用をもたらしてきた歴史もある。

また、産業化の過度の進行、そして金銭・商品への過度の依存、また偏差値体制の支配が、本土の人々の生活・精神世界にまで及ぶなかで、それとは異なるオールタナティブな生き方・人生を追求したい、という動向の広がり深まりを視野に入れる必要があろう。そうした文脈のなかで「癒し」への渇望と、沖縄での「癒しの実現」がかかわってくる。

さらにその際、こうした問題が、沖縄・ウチナーンチュの世界では、本土ほど意識化されていないことは、一体何なのだろうか、という問いもでてこよう。だから、沖縄自体が、そうした産業化の過度の進行、金銭・商品への過度の依存、偏差値体制の支配のなかにはまり込んでいき、人々の生活において日常化体質化してきつつあることの検討も必要だろう。それらは、いってみれば一九六〇、七〇年代における「本土ブーム」から、「本土スタイル」へと移る事態が、一九八〇年代以降沖縄において進んできたということであろう。

二一世紀に入ってからの沖縄イメージの新たな動向

同書の二〇〇〇年以降を扱う章のなかで、「いまの沖縄の若者の感性」は、「『濃すぎる沖縄』を嫌い、『対本土』にこだわらない、『自然でありのまま』の沖縄を受け入れるリスナー」だと述べる。四〇代以上が、「政治」的感覚も含めた、生活体験的な「記憶」をもとに、「古き良き沖縄」へのノスタルジアを語るとしたら、一〇～二〇代は、「イメージ準拠型のノスタルジア」をもつとされるが、それをどのような生活感覚をもとにして、今後どうしていくのだろうか。

また、それは「『自然でありのまま』の沖縄を受け入れる」感覚、いいかたを変えれば、第一章3でも触れた「なんくる」(≒自然)を含んでいるのだが、「なんくる」がどのようなものとして形をあらわしていくのだろうか。

また、裏石垣での移住者にかかわって、「『移住者による、北部海岸線のコロニアルでロハスな領有』なるものが、ウチナーとヤマトの長い非対称的な力関係の歴史によって基礎づけられた、無意識の植民地主義を含んだものだとしたら?」という問いかけが行われる。

一泊費用だけで、沖縄では一カ月暮らせるほどの高額で泊まるリゾートホテルが広がっている。そうした富裕層の旅行者たち、そしてそれにつらなる形での移住。「自然の収奪」としか言えそうにない観光。「人々とつながる」を脱落させた移住にもそうしたものが多い。

それにかかわって、「自然保護の立場から開発反対」を主張する「先駆的移住民」という表現がでてくる。また、著者は「竹富島はまさに観光で生計を立てている島でありながら、その芸能や祭りは、世俗的な観光化を周到に遠ざけることで、伝統的な価値を保っている」と指摘する。また、「世俗化して価値が下がるのが『観光』だ。だから、いったん観光を否定することによって、観光的価値、真正さが保持される効果がある」とも述ている。

石垣市風景計画策定の中心人物へのインタヴューをもとに、「風景計画を通して、今日の移住ブームやミニバブルの時代に、観光客優先から市民優位へと、石垣市民の側から島の観光や景観を領有し返す方向を目指している」という発言の紹介も注目される。そういうなかで、「内発的観光」「持続的観光」への展開が語られる。また、「グリーンツーリズムと特産品販売」という方向も紹介される。このように、旅行者も移住者も、地元の人々とつながりながら共同創造をしていく方向へとシフトする観光が沖縄各地で追求されはじめている。

ところで、移住者についていうと、同書では、旅行者の文脈の展開としての移住者という視点で語られることが多い。裏石垣などではそうである人が多いだろうが、沖縄全体を見ると、そうとは限らない。結婚・仕事の関係で移住する人がかなり存在する。また、最初は旅行者だったかもしれないが、沖縄での生きがいを見出しての移住者が、中高年層だけでなく、二〇代、三〇代のなかに目立つ。

沖縄では、スローライフと同じような意味でロハス（健康と持続性のあるライフスタイル）という用語が使われるが、それには長寿番組になりつつある琉球放送テレビの夕方番組「気ままなロハス」が一役買っている（私も取材放映されたことがある）。この番組に登場してくるケースには「ロハスを領有」できる富裕層はきわめて少なく、むしろ地球にやさしい生き方と自分の生き方の転換創造を求めるケースが大変多い。そうした形のロハスを追求する移住者には、次のような背景を見ることが多い。

沖縄への旅行者が激増した七〇年代半ば以降は、実は日本本土の都市社会が、企業社会として成熟し、働きバチ、既成のレールの上での競争的な生き方が一般化した。そして、そうしたことから脱出する、ないしは距離を置く生き方をする人々が、八〇年代終わりから、かなりの広がりを見せる。そうした人のなかには、沖縄旅行のなかで「癒し」を感じ、その癒しを一時的な清涼剤にとどめず、生き方、ライフスタイルとして追求しはじめる。その行く先は沖縄と限らず本土のあちこちの田舎がそうした場として選択されていく。

癒しを求める人々を肯定的にとらえ、かれらがどのようにその癒しを展開していくのかを検討していきたい。金銭・商品依存で、働きバチ的な社会と人生のありようのなかで、癒しを求めて沖縄にくることをきっかけに、自分自身の癒しだけでなく、「社会」の癒しをも追求し、オールタナティブな生き方を、沖縄における生き方のなかに発見するという文脈のなかでとらえたい。このことは、沖縄にUターンする人々にもいいうることだろう。

6. 沖縄・沖縄的を見る眼を再考する

沖縄について語る際に必要な事

ところで、ウチナーンチュ自身が、沖縄についての標準化定型化された眼差しにとらわれ、無意識のうちにそれを自己の眼にしてしまう例は多い。と同時に、ウチナーンチュがそうした眼差しにもとづいて自己管理している自分自身を発見することがある。山之口貘《やまのくちばく》「会話」をめぐっての沖縄近現代文学研究者の我部聖《がべさとし》の以下の指摘は示唆的だ。

「会話」における「問いかけ」のなかに「恫喝めいた響き」を読み取った冨山一郎は、「僕」が「どこを改善しなければならないか絶えず監視し続ける教導の視線を感じている」と捉え（我部聖「山之口貘『会話』を読む」前出『沖縄学入門』一七〇ページ）。

（沖縄についての外に居る人の）「問いに答えようとしてもそれを言い当てる言葉が見つからず、仮にそれに近い言葉を発しても、沖縄をめぐる言説／物語に絡めとられてしまう」（一七五ページ）。

マスメディアに限らず小説や映画でも、沖縄出身者による「ネイティブ・チェック」を経たリサーチが徹底されて、「沖縄」を語る語り口は洗練されているように見える。こうした「沖縄の現実」をなぞっているかのようなイメージ戦略によって、どこにもない「沖縄」という物語が氾濫する（一七五ページ）。

こうした事態から脱け出すためには、自らの沖縄を見る眼を再検討しつつ考えていくことが必要になるが、その点にかかわって、前出『沖縄学入門』の編者の一人である勝方《かつかた》＝稲福恵子は、沖縄について語る際に求められることを、以下のように書く。

何が「沖縄」なのかを定義し、何故「沖縄」なのかを問いただす際には、自分の立ち位置や政治性が大きく関わってくるという、自己言及的な自意識が必要となる。アイデンティティ・ポリティクスの陥穽をも知りつつ、「沖縄」というアイデンティティを引き受け、それでいて「沖縄ナショナリズム」に陥らないために、自分自身の視点を疑い続ける。（中略）

具体的には、以下の四つの視点を心がけた。一つは、「創られる沖縄」という視点。たとえば「アジアの十字路」「移民県」「癒しの島」「極東戦略の要」「唐の世から大和の世、アメリカ世から…」「チャンプルー文化」「うない神※」などの神話的・伝説的・歴史的ディスコースは、どのような文化・社会的背景や要求から生まれてきたのか、それぞれの表象を歴史化する視点である。

二つ目は、「琉球・沖縄」の多様性（「沖縄は一つではない」）という視点。たとえば、地域差（首里、那覇、地方、宮古、八重山そして、奄美…）、階級差、性差、さらには、言語・文化圏や芸能・民族圏の多様性を拓く視点である。

三つ目は、周縁から「近代」を相対化する視点。「琉球処分」（一八七九年）や「沖縄戦」（一九四五年）、「日本復帰」（一九七二年）などの歴史的・社会的マイノリティとしての立ち位置や心理的トラウマは、たとえば、「小国論」における逆転の思想、武器を捨てる平和論、反＝国民国家論、島嶼思想などのように、近代思想を相対化する発想を生み出した。

　四つ目は、（沖縄とはあなた／わたし自身のこと）とみなして逆照射する視点、たとえば「女性問題」は「男性問題」であるように、「沖縄問題」は日本が作った日本の問題なのだという認識に至るための道筋をつけることも、このテキストの眼目の一つである。地域的な問題は普遍的な問題であることを提示できない限り、差別の構造を解体するパラダイムにはなりえない、と考えるからである（二―三ページ）。
※引用文中の「うない神」は、女性の霊的能力にかかわるものであり、沖縄では重要視されてきた歴史がある。

大変示唆的であり、本書でも重視している視点と共通するところが多い。

まず一つ目に、「構築物」としての沖縄像・イメージが語られているが、第一章3で紹介した伊波普猷が比嘉春潮らに語った「つくる」と「なる」の対比的提起と通じるものがあろう。

二つ目は、本書の至る所で論じていることである。

三つ目の「近代」を相対化する視点は、新鮮であり重大な提起である。

四つ目は、外から沖縄について眺め語ろうとする人（この際は、沖縄の外にいる日本人）に対して、当人自身の課題としてどう引き受けるか、という問題だとしている。それは、「『沖縄問題』は日本が作った日本の問題」とするなら、沖縄を語る当人はどうするのか、という課題をも突き付ける。

沖縄そばの生成と歴史

本章3で述べた生成→変化→消滅の流れの中で見る事は、言うまでもなく、沖縄的なもの自体が、いつの時期かにどこかでできあがった・作りだされたということだ。その事例として沖縄そばについての沖縄史研究者の上里隆史《うえざとたかし》の論を紹介しよう。

沖縄の代表的な県民食である沖縄そばだが、その発祥は明治時代、那覇に移住した中国人が始めたとみられ、当初は「支那そば」と呼ばれていた。木灰のうわずみのアクと小麦粉を混ぜて作った麺で、当初は醤油ベースの黒いスープであった。（中略）

一九二四（大正一三）年、「ゆたか屋」が白いスープを開発し「琉球そば」に一大革命をもたらす。ライバル店は「白い醤油を使っている」との話を聞き各地を探しまわったが、見つかるはずもない。塩ベースのスープだったからである。こうして現在につながる沖縄そばのスタイルが確立していった（上里隆史『新聞投稿に見る百年前の沖縄』原書房、二〇一六年、二三五～六ページ）。

このように沖縄的なもののシンボル的存在の一つである沖縄そばについても、明治期に「スバ屋」ができて以降、客の好みに合わせて売れ行きを考えながら、多様な沖縄そばが創作されてきたもので、その期間は一〇〇年余りのものなのだ。そして、同じ沖縄そばにしても、味を守り続けているところもあれば、新たな工夫を加えているところもある。そして、地域色をつけて、小禄そば、名護そば、与那原そば、宮古そば、八重山そばなど、多くの地域で多様なそばが作られ、現在に至っている。

また、昆布が北海道あたりから流入してくるなかで、沖縄的な活用が創造されていったのは近世期からだろう。そこには、物流の交点としての沖縄の位置が重要な意味をもち、中国や日本の各地の昆布文化などに刺激を受けつつ、沖縄独自のものを作ってきたことだろう。近年のことでいうと、ゴーヤは沖縄独自のものというわけではなくなってきて、他府県での栽培活用がすすんでいる。そのなかで、地域色をもった新たなものを作りだす動きもある。山羊汁にしても、強い臭いがするために避ける人さえいた一九七〇年代までと比べると、近年では山羊の品種が変化したためだろうか、臭いの弱いものが出回っている。

これらは、沖縄外からの影響を受けつつも、沖縄内でも変化していることを示している。

「伝統」＝沖縄的なものの定型の形成

ところで、「伝統」という言葉は、昔から変わりなくあったというイメージをもっている。しかし、その伝統もさかのぼれば、できあがった・作られた時点に行きつく。できあがった・作られた時は、伝統にはなっていない。できあがって・作られて、一定年数が経ち、かなりの評価を受け、それを継承継続することが価値を持つようになってはじめて、伝統という言葉にふさわしいものになる。だから、沖縄の伝統という言葉は、沖縄的なものの定型が確立し一定年数経た後に登場するものだ。

その沖縄の「伝統」の創設確立には、沖縄の地域的統一と安定とが前提となることもある。たとえば、一七世紀の薩摩支配スタートから一〇〇年たち、一八世紀になって近世琉球王国の盛期に、組踊の創造、三線楽譜の工工四《くんくんしー》の創作、さらに、稲・さつまいも・さとうきびを軸にした農業生産などで、いろいろな定型が創設され確立した。それらは、一九世紀になると、伝統化し始めたといえるのではないだろうか。

　また、一九世紀後半からの日本による国家支配スタート以降、三〇年ほどたつと、その時代のありように対応した多様な沖縄的なものができあがる・作られる。それらは、その後、かなりの年数を経て、なかには戦後になってようやく伝統化していく。空手、ウチナー芝居、沖縄学などがそうであろう。あえていうと、「なかなか日本＝ヤマト化されない沖縄」「なかなか日本人化されないウチナーンチュ」という伝統が成立したといえるかもしれない。

　さらに、観光に焦点化された「沖縄イメージ」は一九六〇年代に形成確立しはじめ、それらは五〇年経た今では伝統化されつつあるといえるかもしれない。自然破壊や自然環境の変化などの進行で、そのイメージが壊される事態が広がれば、そのなかで、「沖縄観光の伝統（イメージ）を守れ」という声がでてくるかもしれない。

　そして、二一世紀の現在においては、どのような沖縄定型が確立され、将来の伝統になっていくのであろうか。また、伝統は、長い歴史をもつものを保存するだけで維持されるわけではない。伝統には、再創造の過程が必要だ。再創造がなければお蔵入りして、消滅の過程をたどるだろう。そしてまた、どのようなものを伝統化することが望まれるのだろうか、という問いも必要だろう。

7．多様なもののチャンプルーのなかで

チャンプルー

沖縄的なものの追求は、多様な交流・協同・せめぎ合いのなかで、多様なものをチャンプルーしつつ創造継承する形でなされることが多かった。地理的に言って、沖縄とつながりのある世界、つまり日本・朝鮮半島・中国・台湾・太平洋の島々・東南アジア、さらには南北アメリカなどとのつながりの中で展開されてきたものだ。

それには、外から持ち込まれたものが、沖縄のなかにあるものとチャンプルーされたもの、複数の外からのものが、沖縄という場においてチャンプルーされたものといったように多様である。

このことを踏まえて、次の諸点に留意したい。

（1）チャンプルーの結果として生まれたものだけでなく、チャンプルーを許容促進し、チャンプルーしていく過程そのものが沖縄的だといえよう。

（2）この交流・協同・せめぎあいは、沖縄外との関係を通して影響を受ける形で展開するだけでなく、異なる文化を持つ人が沖縄移住するという形でも展開した。

（3）独自なものをつくるというだけでなく、独自なアプローチを生み出すということでもあった。生み出された独自なアプローチが、独自なものを創りだしたという様相も濃い。また、多様

な文化交流協同の場として沖縄が存在したともいえる。

（４）沖縄外との交流協同のなかでは、沖縄的なものの（再）発見・創造があるとともに、沖縄内外で、新たなものを創造する動きが作りだされたことにも注目する必要がある。それには、必ずしも沖縄的なものにこだわらず、ハイブリッドなもの、さらに諸要素を融合させたものとして登場することもある。

（５）こうした沖縄的なものを作りだし変化させていった人はだれだろうか。支配者統治者、あるいはリーダー的役割をとった知識人文化人が重要な役割を担ったことは言うまでもないが、生活レベルでの人々の営みが、新たなものを創作してきた面も広く存在する。

諸分野の研究のなかで

人類学民族学民俗学分野の研究は、沖縄的なものを考えるうえで多大の示唆を与える。しかし、研究のなかには、沖縄のさまざまな習俗が長く続く固定的な習俗であるかのように述べる傾向がみられるものがあり、そこでの指摘が歴史的にどのように形成されてきたのか、また海外との交流のなかでどのように位置づくのかなどが読みとりにくいものが多かった。そうした点にかかわって、この分野の研究者である渡邊欣雄《わたなべよしお》が、以下のように述べている点には、共感できることが多い。

沖縄文化は、その構成要素がすべて外来文化に求められるような、そんな〈つぎはぎ〉だらけの文化なのではない。逆に近隣文化から輸入され、影響されたであろう文化は、みごとに〈沖縄化〉しているのではないか。門中しかり、位牌しかり、風水しかり、ハーリーしかり、………（前出『沖縄文化の拡がりと変貌』一三三ページ）。

沖縄文化内部だけで沖縄文化を考える傾向を、わたくしは〈土着主義〉と呼んでいる。土着主義では、もはや、沖縄文化はわからないと思う（同前一〇四ページ）。

ハーリーは、沖縄の人びとの生活目的にそってアレンジされた、独自の行事だと理解すべきだ（同前、九七ページ）。

競舟文化は、どこどこの文化の模倣だと考える必要はまったくない。文化を輸入しても、外来文化はその民族の生活体系のなかでアレンジされ、新たな文化に作り替えられてしまう（同前、九八ページ）。

大変参考になる指摘がつらなっている。無論、これらの指摘に対して、同分野の研究者のなかにあっても異論があるかもしれないし、特定の文化の影響や外からの強力な支配の結果だというような批判説も存在しうる。

いずれにしても、世界的な共通性と文化影響・支配の存在、そして沖縄独自の展開といったこと全体を視野に入れて検討を深めていくことが必要であろう。単純に、どこかの文化の影響・支配の結果というだけで解釈することの危険性に対する強い警告的示唆を行っているといえよう。

近年の人類学民族学民俗学の研究分野では、他にも同趣旨の指摘をしばしば目にするようになってきた。冒頭で述べたような歴史を無視した研究は減少してきているようだ。

文学分野にかかわっての次の指摘も興味深い。

朝鮮の古典文学作品である『洪吉童伝』の最後に描かれる「ユルド国」は、そのモデルが琉球であるという説があります。また金延漢「沖縄からの手紙」は、沖縄のパイナップル工場やサトウキビ農園に働きに来る韓国人女性が主人公となっています。あるいは沖縄の作家である又吉栄喜の作品『ギンネム屋敷』は、沖縄戦の際に朝鮮から連れて来られた朝鮮人が登場します。これらは朝鮮と沖縄が、何らかのつながりを持ってきたことを示しています。これらを、「日本文学」「沖縄文学」「朝鮮文学」に振り分けて論じるのではなく、それぞれに浸透しあう観点から語ること。そこに「朝鮮文学」の面白さがあると思います（呉世宗「朝鮮文学への招待」石原昌英編『沖縄からの眼差し・沖縄への眼差し』二〇一五年、沖縄タイムス社、六二ページ）。

これらの提起は、沖縄の文化が沖縄内外の多様なからみあいのなかで生成してきたことだけでなく、沖縄内外の人々の創造活動によって、今後も多様なからみあいのなかで変化していくだろうことを示唆している。

チャンプルーをめぐるせめぎあい

チャンプルーを考えるという事は、「沖縄固有」とか「日本の中の沖縄」とかいった視野を大きく超え、沖縄がつながってきた多様な世界とのつながりを見るということである。その点で、以下の指摘は示唆的である。

近年の琉球・沖縄を対象とした歴史研究では、日本史の中の琉球・沖縄という研究視点を超越して、東アジア海域史という視点の中で、幕藩体制の中の異国ととらえる日琉関係と、中国型世界秩序としての冊封体制に組み込まれた中琉関係を総合的に見通し、さらに幕藩体制あるいは中国に従属した琉球という客体的な見方ではなく、琉球を主体とした歴史研究が提唱されている（小熊誠「はじめに」前出『〈境界〉を越える沖縄』八ページ）。

沖縄の文化を見るとき、沖縄固有の文化という琉球・沖縄の地域に固定された見方より、その地域を越えてつくられた文化というダイナミックな見方の方が、むしろ沖縄文化の実態に近いと思われる（同前、一五ページ）。

沖縄を沖縄として対象化する視点と方法は、日本と沖縄を対比してその異同を論じることによって日本全体を理解するという柳田の日本民俗学の方法からは脱却して、沖縄の文化そのものを対象化するという点で沖縄文化に主体性を置いた研究として、一九六〇年代以降における沖縄研究の新しい方向性を示していると考えられる（小熊誠「日本と中国の境界を越える門中」前出『〈境界〉を越える沖縄』一八ページ）。

以上紹介してきたように、チャンプルーには、どのような他世界とどのようなつながりをもつかという点で多様さがある。そしてさらに沖縄にあるチャンプルー性は、沖縄各地におけるチャンプルー性の差異もはらむ。

ところで、外来のものをチャンプルー化せずに、外来のものそのままに沖縄のなかに入れ込もうとする動きがある。それは、チャンプルー化とは対照的な違いを生み出している。と同時に、そのまま入れ込めずに、いわば「妥協」としてチャンプルー化し、半外来半チャンプルーというべきものも多い。

いくつかの例を見てみよう。

まず学校教育。現在行われている全国学力テストなどは、全国標準のものをそのまま入れ込む典型だろう。沖縄対象に限定した出題といった全国学力テストは存在しないのだ。だが、学力テストにむけての取り組みには、全国版のやり方に沖縄式のものを掛け合わせて（チャンプルー化して）展開されている。

学力テストだけでなく、沖縄の現在の学校そのものが、大学をふくめて依然として圧倒的に全国標準に合わせることになっている。無論、いくつかの分野では沖縄独自のものがあり、また「やり方」において沖縄特性が強いものもある。その点では、チャンプルー性が存在するが、学校全体はチャンプルー性が弱い分野といえよう。

戦前期の沖縄の学校についても同様なことがいえよう。そして、近世の学校も、中国からの強い影響のもと設置運営されたため、沖縄独自色は少ない。現在の学校と同様、ほとんどの教育内容は外来のものそのままで、「やり方」において沖縄特性を出さざるをえなかったというべきだろう。

地方農村の役人養成が主目的だった筆算稽古所は、学校というよりは、まさに「筆算稽古」をする場であったが、各地域の実情に応じて運営されていたために、沖縄的性格が強いと思われそうだが、教育内容は当時の地方役人業務に必要な筆算を教え、教材として儒教的なものが使われており、沖縄独自のものというと、地名や蔡温著書などを挙げるにとどまる。

学校とは対照的に、芸能分野においては、流入してきた多様なものをチャンプルー化し、沖縄独自に創造洗練させることがおおいに行われた。中国由来の楽器を沖縄において三線として発展させ、工工四楽譜の創作を含めて、曲・歌詞を大量に創作するなどは、チャンプルーという以上に、沖縄独自の展開である。また、組踊などは、日本文化を巧みに沖縄風のものへと改作したものが多い。あるいは、京都などからもたらされた仏教文化を沖縄独自に展開したものとして、エイサーなどの盆行事をあげることが出来る。

近年の芸能においても、演劇、さらに、もっと最近のものとして、ダンスやバレーなどにも沖縄的アレンジ・創造が追求されてきている。

また、農業・漁業や食生活などは、多様な地域から流れ込んできたものを、沖縄の風土に適したものへの改良を推し進め、沖縄式農業・漁業、沖縄料理琉球料理を生み出してきた。

ステレオタイプな「沖縄」観を覆す――1．日照時間は長い

一〇年近く前に、太陽光発電設置の営業で我が家を訪れた人に、私は尋ねた。「沖縄の日照時間は、日本の中で一番短いことをご存じですか」と。相手はびっくりした様子だ。当時は、太陽光発電の買い取り制度がなく、家庭用のものを設置しても、採算が取れない時だった。こう書く私も、知らなかった。実は、この会話のしばらく前に、那覇新都心の太陽光発電の展示場で、太陽光発電設置会社の専門家からお聴きしたことだった。だから、その際、会社自体が家庭での設置を勧めなかった。

沖縄では確かに日差しは強い。しかし、太陽光発電にとっては、日照時間の長さが重要なのだ。夏場の太陽がガンガン照り付ける時のイメージで、先入観が作られたのだろう。冬場になると、雲が空を覆う日が多いのだ。

関連していうと、八月の盛夏期の沖縄の最高気温は、通常三二～三三度で、私が生活体験のある名古屋などが三七度前後になるのとは大違いだ。しかも、沖縄は風が吹いていることが多いから、風が止まりがちな名古屋とでは、体感温度がまるで違う。だから、避暑目的で沖縄に来ることは現実的なことだ。

第四章

多様な分野での沖縄・沖縄的

1．沖縄・沖縄的の分野差

沖縄・沖縄的を出す分野と抑え込む分野

沖縄・沖縄的を出す分野と、沖縄・沖縄的が抑え込まれる分野とがある。無論、両者を併せ持ち、揺れ動く分野もある。

このような分野による違いを、特にその強弱を一覧してみよう。表の上ほど沖縄的の抑え込みが強く、下ほど沖縄的を出す分野ということである。

沖縄的を抑え込む分野

↑
- 軍事
- 学校教育
- （共通）言語
- 産業経済
- マスメディア
- 海外交流
- 生活文化（衣食住・産育）
- ライフスタイル・ライフサイクル
- 地域・家族組織
- 宗教・スピリチュアリティ
- アカデミズム（研究）
- 文化芸能
- （地域）言語
- 自然環境

↓

沖縄的を出す分野

無論、同じ分野でも、広がりがある。宗教・スピリチュアリティを例にとれば、王朝によって、聞得大君《きこえのおおきみ》以下の神女体制が編成された時、あるいは、天皇制政府下にあって、御嶽《うたき》の神社化、シャーマン的役割を果たすユタの統制が進められた時には、抑え込みが強まり、表の上方への移動が見られた。聞得大君以下の神女体制が編成された時などは、論者によっては、むしろそれが沖縄的だと判断するかもしれない。どういうものが沖縄的だと判断するかの基準によって、位置が動き得るものだ。

また、ユタの抑圧排除には長い歴史があるが、近世の王府によるものと、明治大正昭和戦前期の沖縄県庁によるものとでは、違いがある。後者では「沖縄的＝遅れている」という位置づけからの性格を帯びている。

このように、日常生活レベルと国家・外部組織支配レベルとがからみあうなかに、宗教分野における沖縄的なものの動向がある。念仏踊りのエイサーへの転形、清明祭（四月ごろ開かれる墓前広場での親族行事）の民俗的宗教行事化などにも、それらが見られる。さらに、仏教などの教義宗教においても、沖縄的なものへの変形が見られる。キリスト教の教会では、食事などで民俗習慣の取り込みが行われる一方で、盆行事に距離をとるなど、複雑な面も見られる。

また、言語には、上方に位置する（共通）言語と下方に位置する（地域）言語とがある。同じことは、他の分野でも当てはまる例は多い。

また、政治分野も書き込む必要があるが、表での上下幅が広いので、記入していない。沖縄的を促進する政治もあれば、抑圧する政治もある。沖縄的を抑圧する傾向が強い現代のありようをもとに、政治は上方に位置すると考えるかもしれないが、時代によっては、沖縄的を促進する国家・外部組織もあったのである。

したがって、この表自体が便宜的なものであることに留意しておきたい。

分野自体の変化

沖縄的を出す分野、抑え込む分野について述べたが、それらの分野は一貫して存在してきた固定的なものというわけでなく、分野自体が生成変化分化消滅してきた歴史がある。教育を例にしてみてみよう。

現代の眼から見れば、たとえば行政文書読解や作成、対外折衝などの能力を獲得することなどは、教育分野にかかわることであるが、近世以前にあっては政治や産業経済の分野のなかの一環であった。そうした活動推進のなかで後継者を育てることを、実務に携わさせながらすすめたのだ。あるいは、異文化の持ち主から習得するが、習得自体が業務の一環であった。あるいは、親から子どもへと、あるいは親族組織のなかで後継者に引き継がせる過程は、親族組織の活動の一環であった。そうしたものから教育としての分野が分化成立してくるのは、時代がかなり下る。

まずは、組織的育成機関が作られる。その一つとして、海外交易・交渉を担当する人々が住む久米村で塾めいたものが創設され、そうした指導に当たる役目が、王府の職務・地位と結びつけられた。それらにしても、近代学校でイメージされるような系統的計画的な教育というよりも、当事者の自主学習が基本であり、指導者側の教育のありようが意識化されたわけではなかった。だから、厳密な意味で「教える」行為を意識的に工夫する営みとはなっていなかった。

また、子育ては、今では教育的な営みとみられているが、長い間、生活文化分野の営みであった。子どもも教育の対象とはみなされてはいなかったのだ。教育の対象として子どもを見て、大人の側からの意図的な営みになるのは、家訓書の成立にみられるように、士族にあってもほぼ一八世紀末以降のことだ。一般民衆にあっては、小学校などの学校への就学が広がる二〇世紀以降になってようやく教育として意識することが始まる。明治期に作られた小学校などの諸学校は、国家レベルである明治政府の意図に沿って、計画的意識的に教育活動を展開する場であった。その意味で、教育分野が成立するうえで重大な画期だ。

同様なことは、芸能分野の教育についてもいいうることである。近世期における楽童子《がくどうじ》育成、組踊の伝授、歌三線の伝授などでも、教育意識よりは学習を支援する意識であった。三線指導などは現在でもその様相が濃い。師匠たちとともに演奏を繰り返す中で、技を盗み、技に慣れ熟していくものであった。

明治以降の教育は、主として国家レベルの意思の現れだが、その意思を日常生活レベルで実現しようとする。つまり、人々の思考や行動を、国家レベルの意思を受け入れるものにしようとするのである。いってみれば、世論やイデオロギー形成の手段として学校教育が位置付けられたのである。と同時に、マスメディアにもその役割が与えられてきた。メディアは、一九世紀までは基本的には、話し言葉を使うものであった。それに加えて、書き言葉が登場し広がっていく。書き言葉は、士族では一七~八世紀（部分的にはそれ以前）から使われるが、一般庶民では、学校の普及と並行し、基本的には二〇世紀に入ってからである。その時期では学校がもっとも主要な「メディア」とされたのである。

と同時に、二〇世紀に入るころには、新聞に代表されるマスメディアが登場してくる。といっても、発刊当初はごく一部の有力者・知識人に購読者が限られる。一九二〇年代以降になると、新聞に加えてラジオ・レコード・映画などがマスメディアの仲間入りを始める。

そして、新聞・ラジオが普及し、映画・芝居などが娯楽という形で広がる戦後になると、マスメディアという分野が分野として確立していく。その後、テレビの普及、さらに二〇世紀末から二一世紀に入ると、インターネットなどが広がる。

こうしたマスメディアは、一九五〇年代以降沖縄的なものの抑え込み・噴出のせめぎあいの主戦場と言ってもいいほどの位置を占めるようになる。

ここで、いくつか指摘しておこう。

(1) 外的支配が強い分野では、日常生活レベルからの発信が抑え込まれやすい。しかし、支配性が弱く、国家や自治体が、住民の代表的性格をもつとき、いいかえると民主主義性が見られる時があれば、生活の中で人々が沖縄的なものを主体的につくりだすことが促進されやすくなろう。

(2) 近年、沖縄ブームといわれることがしばしばある。そのなかで、少しでも沖縄っぽくすれば、ウケるという感覚に出会うし、研究の世界でさえその傾向をみることがある。そうした場合に、どのような沖縄に着目するのか、どのような沖縄を期待追求するのか、あるいは、沖縄をめぐる内外のどのような諸関係を追求するのかが問われる。とくに近年では、沖縄ブームを牽引するものが、マスメディアを介するものに多い点に留意したい。

（3）各分野を越えた共通性ないしは首尾一貫性を探すのは、なかなか難しい。あえて共通性・首尾一貫性を求めるとしたら、チャンプルー性にあろう。

また、各分野、とくに抑圧されてきた分野には、否定され忘れ去られてきた歴史体験がある。その点を掘り起こし、描くことは重要だ。そうした点を、克服消去するのではなく、存在事実を肯定的に描いて、沖縄的なものの検討に結びつけることが求められることもある。

（4）第一章3で書いたことにかかわっていうと、分野には、メイクしやすいものとビカムしやすいものとがある点にも留意したい。

2. 軍事・生活文化（衣食住）・自然環境における沖縄・沖縄的

では、いくつかの分野に焦点をあてて述べていこう。最初に、表の最上位の軍事、中位の生活文化、最下位の自然環境について、考えてみよう。

軍事

軍事は、沖縄的なものを可能な限り抑え込んだ分野の最たるものだろうから、表の最上部に位置づけた。例を挙げよう。

・薩摩支配下にあって、琉球王国に武力を保持させなかった。
・明治大正期、沖縄地域内の軍事施設は最小限にとどめられた。
・米軍統治下、住民の意思どころか住民の存在にかかわりなく、米軍の必要次第で基地が作られた。
・米軍基地・自衛隊は、国の専権事項として、住民の意向を受け付けないようにする。
※与那国や宮古などでの自衛隊誘致動向のような例外はある。
・米軍基地・自衛隊基地の多さ自体が、沖縄的なものになっている。

このように、国家・外部組織レベルにおいて、権力側の意向でおしすすめられた分野だが、そうであっても、権力側が必要とするという視点から、次の例のように、日常生活レベルもからんで、沖縄的なものを出さざるを得なかったことがある。

・沖縄戦下での住民を軍隊に組み込む防衛隊・護郷隊の設置。
・住民の反基地運動への対処・譲歩・懐柔など。

以上の例は、一六〇九年の薩摩支配以降のことであり、それ以前は全く事情が異なる。軍事組織・

軍備など多面で沖縄の独自性が色濃いものであったから、表の下方に位置づくであろう。

また明治大正昭和戦前期における日本政府による統治の時期、沖縄内部にある多様な差異が、強制的に統一的なものに統合されようとしたが、その集中的表現が沖縄戦の際に表れた。

だがその際、日常生活レベルにおいて、積極的にせよ消極的にせよ、多様な抵抗が現れ、そこに沖縄的なものが鋭くあらわれた。住民が避難したガマでの出来事——日本軍兵士と同じガマに居た時、米軍が投降を呼びかけた時、「集団自決」の指示が出された時——がそれを集中的に示している。

生活文化１．食

軍事とは異なって、人々の日常生活場面においては、多様性にあふれている。ゴーヤ、沖縄そば、芭蕉布、かりゆしウェア、赤瓦といった代表的なもので沖縄的と見なすことがあるが、実際は実に多様で、沖縄的としての共通性は思われている程には高くないだろう。

食事を例にとると、地域差・身分階層差・経済状況差が著しいことに加えて、家族など食事単位ごとの差も大きい。「上級士族」的な食事、「田舎百姓」的な食事、「宮古」的な食事、「北部」的な食事といった違いに加えて、Aさんの家の食事、Bさんの家の食事といった違いも大きい。

食文化の担い手は、まずは食事を作る人だが、メニューなどについてリーダー的役割を果たす料理専門家とか栄養指導者とかが二〇世紀後半になって登場してくる。それ以前にあっても、地域行事、親族行事などのなかで、ベテランたちがリーダー的役割をとる。また、たとえば首里奉公に出てシマに帰ってきたものが、新たな料理のリーダー的役割を果たすこともあったろう。同様に、中国や日本本土に出かけたものが沖縄に戻って、新たな料理を持ちかえるだけでなく、それらを参照して沖縄的な料理を考案し、リーダー的役割をとって普及させることもあったろう。

ところで、マスメディアが人々の日常生活をも覆うようになって以降、マスメディアが沖縄全体を統一化しようとする役割を果たすことが増えてきた。と同時に、統一化だけでなく、新たなものを持ちこんで多様化させる役割を果たすことも多い。その中で、沖縄的なものが作られる一方で、沖縄的特性を薄れさせる役割を果たすこともある。こうした意味で、マスメディアが沖縄的なものにかかわるリーダー的機能を強く持つことがある。

年末年始、盆、清明などのハレの時の料理と日常の料理との違い、富裕層と一般層の違いなどは実に大きい。一九世紀までは地元食材がほとんどで、昆布に象徴される沖縄外からもちこまれるものは例外的なものだった。それが、二〇世紀に入り市場経済化が進行する中で、とくに沖縄戦以降、多様なものがアメリカそして日本本土から持ち込まれ、食文化が激変していく。その変化は、農業の困難、食料自給率の低下と並行していた。

激変した食文化のなかで決定的な影響力をもったのは洋食文化であった。しかも、アメリカ経由のものが絶大であり、牛乳（当初は脱脂粉乳）、ポークランチョンミート、パンなどの小麦製品の流入で、食生活が激変する。ビールやウイスキーなどの酒類もそうだろう。そうしたなかで、ポーク卵、タコライスといった新規の沖縄的料理が生まれてくる。

そして、それまでの文化を引き継いだ沖縄独自食と洋食とを基軸にすすむが、それまでの沖縄食が和食や中華食との間にもっていた深いかかわりも引き継いでおり、多様性、チャンプルー性が拡大していく。近年では、世界のウチナーンチュとのかかわり、経済のグローバリズムとのかかわりなどで、一層多様な文化背景をもつ料理が広がっている。

そんななかで、サンピン茶（ジャスミンティー）にかかわる次の記述が注目される。

もともとは輸入品である。現在でもその多くは沖縄で生産されている訳ではなく、海外から輸入されている。このことから、「さんぴん茶は、本当は沖縄の伝統とは言えないんじゃないの？」と思う人がいるかもしれない。（中略）台湾では「香片茶」と呼ばれているジャスミン茶が、沖縄に伝わると「さんぴん茶」として、やがて伝統への道をたどるようになったのである。（中略）さんぴん茶を沖縄の伝統として認識している人の多くは、筆者が聞き取り調査を行った範囲では、その由来を知らないことが多かった。つまり、さんぴん茶を沖縄の伝統と考える、考えないかはさんぴん茶の由来を知っているか、いないかに強く影響されているのである。

この調査の結果から「さんぴん茶を沖縄の伝統と考えるのは思い込みだ」と指摘することはたやすいが、すべきことではない。むしろ、伝統というものがその由来やはじまりを忘れるところから成り立っていることにこそ注目して欲しい（八尾祥平「「さんぴん茶」から見える沖縄の「伝統」」前出『沖縄学入門』二四八ページ）。

この記述は大変示唆的だ。さらに、近年では、先に紹介した沖縄そばだけでなく、「沖縄ラーメン」の創造的展開も高い関心を呼んでいる。食は、マスメディアや市場、さらに個人の好みとのからみもあり、旺盛に多様化していく感さえある。「沖縄食」自体が流動的になるとともに、そのバリエーションの広がりは著しい。

生活文化2. 衣

衣について沖縄的というと、紅型衣裳や芭蕉布がイメージされがちだが、現代の日常生活でそうしたものを身に付けている人は皆無に近い。演劇とか観光客向けに限られているし、歴史的に見ても、芭蕉布を日常着にする人は一部にいたが、多くは富裕層の晴れ着に限定されがちだった。

衣を考える際には、素材、機能性、表現性（装飾性）などのほかに、決定的に大きなこととして、取得できるかどうかがある。

話題になりやすいこととして、琉装、和装、洋装のどれなのかがある。たとえば、明治末の風俗改良運動とのからみで、女性教員や中等学校女生徒の服装が、琉装から和装へと変わったことが、大きな話題にされたことがある。だが、それらは富裕層における外出着の話であろう。広く見ると、日常的には機能性と取得の可不可で何を着用するかが決まっていたのではなかろうか。富裕層では、時と場によって服装を変えることができたが、一般層にあっては、「今あるものを着る」のであって、選択できる状況にはなかったろう。

それにしても、当時は、日本化が近代化であり、教育においても風俗においても、脱沖縄で日本に同化することが国家レベルから発する要求であった。そこには、東京などで話題になった「近代化としての洋装」というテーマは無きに等しかった。だが、それらは、取得の困難さのために多数の人々の日常着とは大きな差異があった。

それがいっきに変わるのは戦後の話である。これまた取得の可不可と機能性とに基づいて、洋装めいたものが急激に一般化する。どんなものを着るべきか着たいかといった議論はふっとんだかのようだった。当時、現実に取得できるのは、少しばかり残った日常着であり、新たに取得したものというと、日本軍にしろ米軍にしろ、軍服（おさがり・払い下げ品を含めて）など軍関係のものだった。そして、取得できたものは洋式がほとんどであり、洋式化がいっきにすすんだといえよう。そんななかで、パラシュートでウェディングドレスを作ったことがよく話題になる。

そして、人々が好みにもとづく選択で購入、ないしは注文服で取得し始めるのは、戦後数年以上経てからであり、購入できたもののほとんどが洋式衣装となっていた。

近年で注目されるのは、かりゆしウェアである。一九九〇年代後半から急速に普及していく。男性のみならず、女性にも広がる。さらにフォーマルウェアも、冬を除けば、かりゆしスタイルが標準化されたといえるほどである。男性でいうと、スーツ（背広）姿から略礼服着用へと移りかけた途中で、夏服はかりゆしスタイルに移ったのである。かりゆしウェアは沖縄外にも広がり、夏場の大都市では、稀であるにしても、見かけるようになった。沖縄から沖縄外へのこの動きは注目されることだ。

また、現代において晴着の集中的表現となっている成人式の服装も注目される。流行によるバリエーションはあるものの、女性は和装（少数の洋装）、男性は洋装（少数の和装）が主流となり、琉装もわずかながら見かける。だから、こうしたチャンプルー状況が現実の沖縄らしさだといえよう。

生活文化3．住

住について、まず建築家の金城正紀《きんじょうまさのり》の一文を紹介しよう。

沖縄の伝統的な民家は、自然の厳しさに対して強く立ち向かうのではなく、自然に対し共生しようとする仕組みになっていることがわかる。また建築物を構成する赤瓦などの伝統的な素材は、人体の皮膚や衣服のように寒暑に適応できる機能を持っていることがわかる。

沖縄の伝統的な民家は、屋根や防風林によって厳しい自然環境と共生する一方で、民家の平面は外部に対して開放的だ。民家は南側に配置された表座と、北側に配置された裏座で構成され、なかでも表座は外部に対して開放的である（金城正紀「沖縄の建築にみる機能と表象」前出『沖縄学入門』一一〇〜一一二ページ）。

このように、自然環境への対応にとどまらず、家内外の人間関係のありようを反映した住宅が建設されてきた歴史がある。そこに沖縄らしさが色濃く示されている。

また、集落における家屋配置においても、元家《むーとぅーやー》を中心とした配置が長く行われてきた。そこに沖縄的なものを見ることはたやすい。しかし、そうした住のありようは、近年薄れてきたようにいわれる。だが、現代の生活状況に合わせて、新たな沖縄的なものの創造が多様に展開されている。屋上に水タンクを設置した住宅が多いが、水不足による断水への対応として、一九七〇〜九〇年代に広く設置されたもので、これまた沖縄的デザインを凝らしたものとしてしばしば紹介される。

屋根の変遷も注目される。戦後に絞ると、茅葺→スレート瓦→赤瓦→コンクリート陸屋根と変化してきた。近年では、赤瓦が沖縄のシンボル化しているが、近世における首里などは別にして、広く見られた訳ではない。戦後でいうと、赤瓦生産とからんだ特定の時期に使用されたものである。コンクリート建築の普及のなかで、沖縄シンボルとして、公共施設やシンボル的建物に赤瓦を使用する例が近年多くなる。最近の赤瓦建築は、大半が木造ではなくてコンクリート造りで屋根だけを赤瓦にするといったシンボル的意味合いが強い。こうしたありようもまた新しい沖縄らしさといえようか。

生活文化４．金銭使用

金銭使用においても、沖縄的なものが、次のように指摘されてきた。

・明治末からだが、多くの集落に共同売店が設置されてきた。自治組織としての集落の共同経営である例が多い。売店にとどまらず、集落での産業おこし的役割を果たす例もある。しかし、近年の大規模店舗普及のなかで、一般個人商店同様、苦戦を強いられ閉鎖例が多くなっている。

・集落が、子どもたちの高校大学進学のための奨学金を出すのが、一九六〇年代を中心に広く見られたのも沖縄らしいといえるかもしれない。

・最も沖縄的なものとして知られており、今日なお盛んなのは、模合《もあい》である。模合は、もともと金融互助組織であるが、近年では親睦的色彩が強いものになっているものもある。金銭も、人間関係・協同関係として展開してきたことに、沖縄的特性を見ることができよう。

これらには、国家レベルの関与は無きに等しく、日常生活レベルを中心にした展開であることが注目される。

自然環境1．自然風土

沖縄的なもののベースには、沖縄の自然が存在する。生活や文化に焦点化して考えるとしても、亜熱帯気候、海洋に囲まれた島々、地形地質、地理的位置、動植物などを視野に入れる必要がある。また、季節によって変化する風向、そして海流なども、沖縄の列島外との交流に深い影響を与えてきた。

そうした自然風土は変わらない変わりにくいもののように見えるが、長い間隔で見ると、大きな変化を遂げてきている。沖縄に人類が住み始めたといわれる二万年以上前と現在とでは大きな差異がありそうだ。そしてその期間に、いくつもの巨大な自然変動自然災害があったようだ。大きな気温変動や巨大地震・津波があったろうし、火山噴火もあったろうし、火口が列島から遠く離れたところであるにしても巨大火山噴火が、沖縄にまで大きな影響をもたらしたであろう。

それらが、人々の生存危機をもたらし、居住する人々がゼロになる時があったかもしれない。人類が生きのびたにしても、沖縄に生きる動植物の著しい変化が、人々の生活・文化に著しい影響をもたらしたことはありえよう。

そうした長い年月の自然・風土の変化のなかで考えても、近年の温暖化とそれに伴う異常気象は、巨大な影響を与え始めているといえるかもしれない。また、そうした自然災害に匹敵する巨大なものに「人災」としての沖縄戦が存在している。そしてその後の大規模な軍事基地の存在が、住民たちだけでなく自然にも激変をもたらしている。

そうした自然的条件は、そこに住み・生活する人々の文化のありようを規定する。日々の生活リズム、衣食住文化、さらに生活スタイル・人生のありようにまで、沖縄らしさを刻印し作りだす。自然的条件、とくに地理的条件は、沖縄支配とかかわる政治面軍事面にも特性を生み出す。薩摩が「日支両属」の形を利用して利益を得てきた事例、本土攻勢の「捨て石」と日本軍が見なしたような位置、米軍が「西太平洋の要石」と名付けたような位置などが重要なものとしてかかわってきた。そしてそうした政治的軍事的支配は、沖縄文化、そして沖縄在住の人々に決定的な影響をもたらした。

こうして見ると、沖縄の自然風土が沖縄の人間生活と文化のありように強い規制力を持ったことがわかろう。と同時に、逆に沖縄での人間と文化のありようが自然風土に強い規制力をもっていることも確かだろう。その最たるものが戦争であり、そして戦後における基地建設、車社会の進行、広大な埋め立て、温暖化の進行などによる環境破壊がその例であろう。未曽有の数の観光旅行者の来訪の理由の一つは、沖縄の自然の魅力にひかれてのものであるが、逆に沖縄の自然の維持に多くの心配をもたらしている。

また、沖縄在住者の信仰・スピリチュアリティには、今日なお自然そのものが深くからんでいることが沖縄らしさを作り出している。仲松弥秀《なかまつやしゅう》は次のように述べる。

祖霊神により添い、豊饒はもちろん、珍しい文化をもたらしてくれる外洋からの来訪神に感謝しつつ、生命ある大自然と手を取って、水平的平等性の共同体社会をつくって来たのが、うるま※なる沖縄の島々であった（仲松弥秀『うるまの島の古層』一九九三年、梟社、八ページ）。

※「うるま」は、沖縄地域の別称

人間の意思がもっとも通りにくく、変化が少なく「沖縄的」の要素が高いものと考えられてきたこの分野においても、次のように、沖縄的なものを抑え込んだり無視したりする動きが存在してきた。近年の例を見てみよう。

・海岸や河川をコンクリートで固める工法のように、公共工事における日本の全国画一基準での施行。本土仕様の窓枠サッシがとりつけられて、台風の際に、風雨が室内に入り込むのもその例だ。近年、地元企業が暴風雨に耐える沖縄仕様をつくり普及しはじめている。
・街路樹に、沖縄自生種ではないハイビスカスやヤシが大量に植えられている。亜熱帯沖縄イメージを作り出そうとするもの。
・大規模埋め立てによるサンゴ礁などの自然破壊。
・沖縄戦・基地建設・ゴルフ場建設による自然破壊。景観の大幅変化。

・交流の活発化による動植物の移動。外来生物の増加と固有種の絶滅危機。

こうした動向の一つとして、農業分野での自然環境適合性よりも経済性を優先するありようを問題にすることもできよう。一例として、サトウキビという作物が選択されてきたことがあげられたりもする。

自然環境2．ウチナー（沖縄）タイムにかかわって

ここで、自然や人々との関係のありようをめぐる沖縄的なものについて、ウチナー（沖縄）タイムに象徴される時間感覚を例にして考えよう。

ウチナータイムを、人間が自然の流れとともに歩む、多様な人々と出会う流れのなかで歩む、といったことから発する時間感覚であるととらえてみてはどうだろうか。計画的論理的な流れというよりも、自然・人々の流れに沿った時間感覚である。自然の流れとは異なる基準に無理やり合わせることをしない。時間にルーズという意味というより、自然と人々の流れのなかで生まれる時間感覚というべきかもしれない。

それは一人ひとりが、一日、一月、一年という自然の流れと、出会い協働する人々の流れとを体感しつつ動くということだ。時計という産業主義的機械的なものに合わせるのではない。沖縄で長く用いられてきた太陰暦（旧暦）は、それに近い。その旧暦を、温度・風・地形・地質など沖縄の自然条件に合わせたものにし、農作業をはじめとする生産生活、そして祭祀のリズムを人々は作っ

てきた。それは、前近代においては沖縄に限らず広く見られたものである。これらは、新暦導入のなかで消滅危機にありつつも、なお人々の生活の中に逞しく生きている部分もあり、現在も沖縄らしさの一角を占めている。

では、産業化とか近代化といわれるものを、どうとらえたらよいのだろうか。人々の生活の上位に位置して、人々の生活を支配するようになり、沖縄的なものに強い影響をもたらしたととらえることもできよう。それとは異なって、歴史の進行の必然としてとらえ、人々の生活は産業化近代化に対応したものになるのが当然だととらえることもあろう。その点では、沖縄は産業化近代化のスタートが遅れたことを今日まで引きずるだけでなく、基地問題や地理的不利などの諸条件が、産業化近代化を一層遅らせているととらえこともできよう。

あるいは、そうしたものとは異なる選択肢が存在するのだろうか。第一章で触れたことにかかわっていうと、産業化近代化は、「つくる」メイクの論理が過剰といってよいほど強く、「なる」「できあがる」ビカム論理を弱め、「沖縄おこし」の豊かな展開を弱めているのではないかという疑問も登場しよう。

3．音楽芸能・学校教育・スポーツにおける沖縄・沖縄的

沖縄の独自性―首里城復元と民衆の生き方

生活文化を除く文化分野について述べるはじめに、文化全般について示唆するものとして、沖縄

近現代史研究者の新崎盛暉《あらさきもりてる》の指摘を紹介しよう。

沖縄社会が、独自の風土や地理的位置、そして歴史に育まれたさまざまな独自性をもつことに疑いを入れないところです。（中略）

沖縄の独自性が否定的にとらえられがちだった過去のある時期とは違って、昨今は、沖縄的なるものが、エイサーからウチナーグチにいたるまで、むしろもてはやされる傾向にあります。（中略）

わたしの印象に強く残っているニュースの一つは、首里城の復元によって、国営公園になった城壁内部の御願所（拝所）から、管理の都合上、そこにお祈り（御願）に訪れていた人びとが締め出されてしまったという新聞記事です。（中略）

首里城は、現在に生きる人びとの精神生活と結びついていたのです。首里城の再建は、こうした首里城と民衆の精神生活とのつながりを見事に断ち切ってしまったのです。いいかえれば、目に見える形としての沖縄の独自性・異質性をもてはやしつつ、民衆の生き方にかかわるその根を断ち切ってしまったとはいえないでしょうか（新崎盛暉編著『沖縄を越える――民衆連帯と平和創造の核心現場から』凱風社、二〇一四年、二四五～六ページ）。

首里城の復元をはじめとする「復元」が、「復帰」後、公共工事の一環として沖縄各地で行われている。その事業を、どういう視点でどのようなものをどのように復元するかについて、私も問題提起的な発言をかなり以前から行ってきた。世界的に進行するユネスコの世界遺産についても、「もろ手を挙げて賛成」というのではなく、その地域の暮らしの視点からの検討が求められる。人々の「貢献」「犠牲」によって作られた、圧倒的な権力者の建造物が選ばれることがあまりに多いからでもある。

音楽芸能

美術工芸や音楽芸能などの表現系の文化分野では、ジャンルなどによる差異は大きい。特に、「文化の大衆化」とも言うべき状態が広がってきた二〇世紀以降の展開はめまぐるしい。さらに沖縄外との交流が激増してきたので、なおのこと差異が著しい。そのなかで沖縄的についての話題は、大きな広がりを見るが、重要なことは、音楽芸能分野では、沖縄的を肯定的に捉えてきたことが圧倒的に多いことにある。そして、沖縄外では、近世期にも、沖縄の音楽芸能を異国風であると「めでる」ような関心が存在していたが、明治末以降、沖縄的な音楽芸能を高く評価する動きが広がり始める。（三島わかな『近代沖縄の洋楽受容』二〇一四年、森話社参照）

そして明治末以降、音楽芸能だけでなく、工芸・建築・文学・言語など多様な分野で、「沖縄発見」「沖縄評価」ともいうべき動きが広がる。代表例は、柳田国男や民芸運動の人たちである。と同時に、それに呼応しつつ、沖縄内部でも沖縄独自なものを評価し、保存・創造しようとする動きが広がる。

これらの多様なジャンルのなかには様々な「流派」をもつのも多い。たとえば、舞踊には、琉球舞踊、日本舞踊、クラシックバレー、モダンダンス、ストリートダンスなど多様なものが存在している。そして、琉球舞踊だけが沖縄らしいというわけではなく、他のものにも沖縄らしいものが見られる。

そのジャンル・流派の多彩化も進行してきた。そのなかには、「沖縄的な伝統」を重視するグループ、「沖縄的な新作つくり」を重視するグループなどもある。こうしたなかで、沖縄らしさをめぐる多様な展開が沖縄の至る所で見られ、生活の中にそれらが存在していること自体が沖縄らしいといえるかもしれない。なかには沖縄外に広がっているジャンルもある。

これらには、創作者・演出者・作り手、表現者（担い手）がいて、鑑賞する人がいる。そしてそれらに沖縄アイデンティティを感じる人も多い。カチャーシーやエイサーを踊るなどは、その例といえるだろう。こうした人々は、沖縄外在住者を含めると、数百万人に達するほどといえよう。

こういった状態が、表現系分野があたかも沖縄文化を代表しているかのような印象さえ与えているが、他にも様々な分野があり、沖縄的なものを作り出している。

学校教育・スポーツ

沖縄的なことを否定的にとらえ、抑圧排除した代表例として、天皇制政府＝沖縄県庁が推進した学校教育分野があげられる。否定的なことで沖縄らしさが言われることはあっても、沖縄独自の学校教育の追求が語られることは少ない。

このように同じ文化でありながら、文化芸能と学校教育とでは対照的である。そして、こうした傾向は、戦後も今日に至るまで続いている。近年ようやく、エイサーなどを学校行事で取り上げるとか、音楽授業で三線演奏をするとか、シマクトゥバ学習をすすめるようになったのは、ある意味で画期的なことだろう。しかし、沖縄教育界が集中的取り組みを展開する学力テストについていうと、「沖縄的」の追求はほぼ見られず、「沖縄的」から脱却して、日本本土に追いつくことが中心テーマとなっている。

広義では文化の枠内で語られるスポーツでは、学校教育と同様の傾向が見られる。スポーツの推進が、学校教育を軸に展開されてきた歴史があるからだろう。スポーツは、学校教育に限定されないで広汎に行われるべきだし、生涯スポーツがようやく普通の言葉になったことにみられるように、そうした方向性が強まっている。

スポーツでは、競争が重視され、序列化が広く行われていることもあって、沖縄代表の勝敗序列に強い関心が寄せられてきた。メジャーなスポーツ種目である野球、サッカー、バスケット、ゴルフなど、とくに野球では、沖縄代表の活躍が「沖縄の誇り」のようなものとなり、「沖縄の地位向上」のバロメーター化し、学力テストにおける順位と同様の感覚で受け止める傾向さえ見られる。

また、マイナーなスポーツ種目でも、全国レベルでの優勝とか、オリンピック選手になるとかの時、「沖縄的栄誉」とみなされてきた。その象徴的存在は、ボクシングにおける具志堅用高だろう。そうした動向は、とくに一九六〇年代から盛んになり、当時の甲子園での高校野球には、「復帰運動」と響きあうようなうねりさえ生まれていた。

無論、沖縄相撲のような沖縄特有の種目、あるいは空手のように沖縄出自のスポーツがある。空手は一九世紀末から二〇世紀にかけて、それまでの秘伝的な面さえあった状況を越えて、一般大衆のものへと広がっていく。その点では学校教育や地域の道場を通しての普及が注目される。それらのなかで、流派ごとの秘伝的な継承が大衆的に公開される過程で、大衆が受容しやすいように型などの改良が進められていく。

空手におけるこれらの過程全体が沖縄らしさの追求そのものであったといえよう。それが、ここ一〇〇年たらずのうちに、沖縄内にとどまらず、他府県さらに世界各地へと広がりを見せていく。その中で、各地からの多くの空手愛好者の来沖や世界大会の開催など、世界の中の沖縄空手という誇りある地位を獲得してきたという点で、沖縄らしさを考えるうえで存在感をもつジャンルとなってきている。そして、二〇二〇年オリンピックにおける空手の種目採用が、沖縄においても一つのピークを作りだしそうである。

なお、今日の沖縄と奄美における相撲の違い、つまり「〈伝統的な組み相撲〉を継続させることなく、それに取って代わるものとして〈大和式立ち会い相撲〉を受容し」た奄美と、両者を「共存するものとして受容した」沖縄との違いを指摘し、「琉球弧の文化、とくにその変容の側面を奄美諸島において把握するに際しては（中略）薩摩・鹿児島側からの影響も常に考慮されねばならない」という民俗学研究者の津波高志《つはたかし》の指摘は注目される（津波高志「相撲の奄沖文化論」琉球大学編『知の津梁』沖縄タイムス社、二〇一〇年）。

4. 言語における沖縄・沖縄的

多様な言語の並在

沖縄・沖縄的について気づきやすく考えやすいものとして言葉がある。

その検討の際、読み書き言語と会話言語とを区分してみる必要がある。読み書き言語は、会話言語とは相対的に独立した存在である。それは、民族や地域の違いを越えた交流などを支える共通言語的性格を強く持っている。そしてそれは強大な国家が周辺地域に影響をもつ、時には支配を及ぼす重要な道具となることもある。中国の「漢文」が典型的であろう。そのために、強大な国家に抵抗・対抗しようとする国家は、自らの読み書き言語を作ろうとする。日本における仮名・仮名交じり文の創出、あるいは朝鮮半島におけるハングル文字の創出などはその例であろう。

沖縄でも、中国語や日本語のなかの「文語」が読み書き言語の役割を果たしたが、一時期、沖縄言語の文語化が追求された。一六世紀前後の辞令書やおもろにその例をみることができよう。それらは、言語における「沖縄的」のありようの一つの特質を示すことになろう。

なお、読み書き言語使用は、一部の専門職・高位の人々の特権的なものとして存在した時代が長いことも見落としてはならないだろう。

沖縄に限らず一般的にいって、会話言語においては、集落など特定の地域で使用される日常生活言語と、特定の地域を越えて広域で使用される共通言語とがある。また、共通言語には、読み書き言語と会話言語の双方を含むことが多いが、共通言語をめぐっての対立抗争が生じ、複数の共通言語が併存することも多い。そのため公用語として複数言語を指定している国は多い。

沖縄では日常会話において長く地域ごとのシマクトゥバ、そして共通語としての首里言葉が使用されてきたが、明治期に江戸・東京言葉をもとにする共通語、標準語が公的に共通言語に指定された。バイリンガルは公的には受け入れられず、沖縄でもそれらが公的な場での言語になり、学校を通して教え込まれてきた。

また、会話言語と読み書き言語との対応関係が濃厚な言語でそうでない言語があることに注目すると、沖縄においては、長い間、この対応関係が薄かった。そのため、読み書き言語習得には、特別のエネルギーが必要であった。

言語における沖縄的なものを考える際に、沖縄語とかウチナーグチとかシマクトゥバと言った用語が使われることが多いが、それらにも、微妙な違いがある。ウチナーグチといえば、先島地域の言葉は含まれないが、沖縄語と言った場合には、含ませる使用法もあれば、そうでない使用法もあろう。シマクトゥバというと、集落ごとに差異のある言葉を指すのか、それを越えた、広域の多様なバリエーションをもつ言語全体を指すこともあり、微妙な点がある。

さらに、厳密さを求めるなら、身分による言語の差異が明瞭であった近世を視野にいれた検討も必要だろう。男女の差異、年齢差異も視野に入れる必要があろう。また、近年では、ウチナーヤマトゥグチといわれるような日本共通語と沖縄の言葉との混合状況がみられる。

言語においても、生成・移入・変化・消滅といった視野で考える必要があり、それらのプロセスにおいて、沖縄的なことが展開している。その際に、視野に入る言語としては、次のようなものがある。

一一世紀以前の言語	部族語（地域語）及び部族地域間の交流・交易をするための言語
一二～一五世紀 会話言語 読み書き言語	沖縄内の多様な在来地域語に加えて、多様な言語の流入・持参 九州地域の諸地域語　畿内（京都など）の言語　福建語　北京語　朝鮮語 中国語（漢文）読み書き大和語
一五世紀後半～	以上に加えて、沖縄内の共通語（首里語）の生成
一七世紀	以上に加えて、薩摩語・江戸言葉・読み書き用大和語の導入・習得
一九世紀後半～	新たに、東京の言葉・共通語・標準語の登場
戦後	新たに、英語の登場。時間の経過とともに、海外交流が盛んになるにつれて、ポルトガル語、スペイン語、中国語をはじめとするアジア諸語など多様な言語の流入交流

言語検討に必要な多様な視点

これらの言語を検討する際には、多様な視点が求められる。第一に、使われる役割や機能に注目したい。

・日常生活での人間関係におけるコミュニケーション
・生産・交易・対外交渉・統治など「公的な」事項にかかわるコミュニケーション
・信仰・芸能で使用するもの

これらの場面や機能による差異は大きい。例えば、芸能で使われる言語のなかには、歌い手自身が意味がわからないものがあるのは珍しいことではない。なかには、呪術的な意味を帯びて継承されることさえある。と同時に、新しい意味合いを帯びて使用され、言語創造的な役割を果たすことさえある。「なだそうそう」「ちゅらさん」などのように、ウチナーグチの歌詞が日本各地で使用されることで、大きな刺激を与え、日本各地における新たな沖縄認識を生み出すことがある。

第二に、バイリンガル状態への対応の差異である。バイリンガルを促進するか許容するか禁止するかのいずれをとるかについては、ここ一五〇年の沖縄における言語問題をめぐる抗争的状況を生み出した。バイリンガルにとどまらず、トリリンガル（三言語使用）状況は、地域語・沖縄共通語・本土共通語の並存というように、長期かつ広く見られた状況であるからだ。

第三に、言語教育という視点がある。会話言語のなかで日常生活に使用される言語は、生活の中で生育とともに習得される。そうでない言語は、会話言語にしても読み書き言語にしても、特別に設けられた意図的な教育的営みのなかで習得される。その例をあげてみよう。

・異言語を使用する人々との間をとりもつための通訳的役割を果たす人を養成する。

・移民・移住する人のために移住先の言語を習得させる。近年では、世界的にＥＳＬ（第二言語取得のための教育）が用意されることが多い。沖縄でいうと、移民に向けて言語教育を行った例があるが、それは、移住先の言語よりも、移住先での他府県の人々との会話のために、日本共通語を習得させることが中心になった。

・地方役人層子弟が、沖縄内共通語としての首里語の習得・練習を、首里などにある士族の家で働く御殿《うどぅん》・殿内《どぅんち》奉公のなかで、あるいは筆算稽古所などで行った。

・日本軍に徴兵された沖縄出身者のための日本共通語教育。小学校での「国語」学習は、その準備としても位置づけられた。

第四に、人々の生活圏の拡大と維持にかかわる言語生活という視点である。生活圏の拡大という と、一四〜一五世紀、および二〇世紀が注目される。維持では、一六〜一九世紀前半が注目される。拡大期には、多様な言語との接触のなかで、チャンプルー型的対応がすすみ、言語活動を豊かにすることで、社会的な豊かさを作り出す面があったろう。一六〜一九世紀前半の維持期には、沖縄内で閉じるだけでなく、他集落（シマ）との交流さえ少ない自足的世界であるシマ単位の言語形成が進み、他シマとの差異の拡大固定化が進んだのだろうか。

第五に、近代が推し進めた国民統合における重要なテーマとして、言語の統一化が進行したことをめぐってである。それを推進する機関として学校が重視され、子どもたちすべてを通学させようとする。そこでの言語教育は強制的性格を色濃く持っていた。方言を使用した生徒が首にぶらさげさせられ、方言を使用した生徒を見つけて渡すことができるという方言札がそのシンボル的存在だ。と同時に、市場社会の拡大浸透のなかで、一般庶民においても、生活の必要から読み書き言葉と共通会話言語の学習の必要が急速に拡大していく。それは、金銭商品経済の浸透だけでなく、徴兵、そして社会移動としての出稼ぎ・移民の拡大ともつながっている。

この点にかかわって、渡名喜明《となきあきら》の次の指摘も方言と標準語をめぐるもう一つの側面として注目される。

「方言」を捨て「標準語」を使用することが、「百姓」身分出身者の子孫や、離島出身の者達からすれば前近代的遺制にもとづく桎梏から解放される有効な手段の一つであった（前出『ひと・もの・ことの沖縄文化論』九一ページ）。

これらの過程は、国家レベルからの日常生活レベルでの言語の統制管理の進行と並行していた。この問題は、近代の国民形成のテーマが登場した明治期以降のことであるが、方言使用禁止、共通語強制としてあらわれた。それには、いくつかのピークがある。明治末期および沖縄戦の前の数年間の時期、また、一九六〇年代は、性格が異なるとはいえ、そうしたピークの時期だ。それらの時期において、日常生活レベルの側からの異議申し立てが展開されたことにも注目する必要がある。

そのピークの一つは沖縄戦期にある。「方言を使ったものはスパイと見なす」という日本軍の命令のもと、方言撲滅策が進められる。共通語使用に慣れない中年層以上にとっては過酷なものであり、実際にスパイ容疑で殺された話が伝わる。絶大な権力が、日常生活で生死にかかわる極限事として方言撲滅を進めたのである。それは戦禍をくぐり抜けた人々にとって強烈な記憶として留められている。

にもかかわらず、戦後になると、人々は日常生活においてウチナーグチを使い続けた。その一方で、学校においては依然として方言禁止共通語強制が一九七〇年代に至るまで続けられる。それはたんに言語「指導」だけでなく、生活指導による取り締まり対象とされ、その象徴である方言札が使用される。その結果、若い世代からウチナーグチが話せないどころが聞けない状況まで広がっていく。

と同時に、沖縄外との交流と沖縄外への移動の量的な激増は、日常生活における共通語使用の機会の激増をもたらす。その結果、一九七〇年代になると、高齢者との会話でない時には、家族会話での共通語使用が広がっていく。

にもかかわらず、こうしたことに抑圧を感じ、抵抗的意味合いも含んで、ウチナーグチを継承しようとする営みも継続していく。

以上の問題は、第一章3で述べた「なる」「できあがる」ものか、「作る」ものか、とかかわる点を含んでいることもおさえておきたい。

5. ライフスタイルにおける沖縄・沖縄的

一九世紀末以降、集落（シマ）の変容、家族の変容に並行して、個人のありようについても変容が著しくなっていく。特に戦後、わけても一九七〇年代以降、すっかり変化したとさえいえよう。たとえば、人間関係において、かつてのように集落（シマ）、さらには家族とのかかわりのなかで築かれる人間関係の比重が低下していく。同じことは、ライフスタイルをめぐってもいえるだろう。そこで、世界的に広く進行している社会変化を踏まえつつ、沖縄的な変化をみていこう。

職業・企業・学校

まず、職業変化にともなうライフスタイルの変化である。戦後、とくに一九六〇年代に一般化した、農業を中心とする家業の継承から被雇用者への変化のなかで、被雇用者の大部分は、第二次産業ではなく第三次産業になったのが、沖縄的特質としてしばしば指摘される。

また、勤務先での長時間労働は、沖縄は日本でトップクラスであり、先進国のなかでも例外的長さである。そのことは、ライフスタイルに強い影響を与える。

同様に、女性の就業率の高さ、共稼ぎ率の高さが、ライフスタイルに強い影響をもたらしてきた。「夫は外で稼ぎ、妻は家事育児に専念する」という核家族イメージが沖縄で弱かったことが、沖縄におけるライフスタイルに影響をもたらし、沖縄的なものをつくりだしたといえるかもしれない。

また、先にも触れた開業率閉業率が日本のなかでのトップクラスを続けていることをどう考えたらいいのだろうか。いろいろな解釈がありうる。開業閉業へのハードルの低さ、つまりは安易さ無計画性によるという見方。チャレンジ精神が旺盛だという見方。人間関係をもとにしているから、主として小規模の第三次産業での起業が多いからという見方。いずれの見方も、起業者のライフスタイルとかかわりが深い。

家業を継承せずに勤めに出る事は、勤め先の影響を受けるにとどまらず、勤め先に依存したライフスタイルになりがちである。沖縄ではその比率が低い終身雇用であるが、同一勤務先に三〇～四〇年も務めるとなれば、人生の半ばの期間は、そことの強い結びつきで過ごすことになる。

企業就職では、学歴が強い決定要因になることが増えるなかで、学校がライフスタイルに及ぼす影響が高まり、上級学校進学によって就学期間の増加が著しくなってきた。その結果、ライフスタイルの学校依存・企業依存が高まってきた。それは、とくに戦後、わけても一九七〇年代以降激しくなり、一九八〇～九〇年代に一般化してくる。

これらのため、沖縄の企業特質が、多くの人々のライフスタイルに影響を及ぼす。たとえば、転勤、とくに本土転勤の有無は大きい。本土転勤の可能性が高い本土企業を敬遠して沖縄企業に務めた人は多いだろう。

これらに加えて、金銭商品経済の浸透は、人々のライフスタイルに強い影響を及ぼす。年金を含めた生涯の財政計画を考えようとする人が増え始め、金銭消費・預貯金計画が、ライフスタイルにとって大きな比重を占め始めるが、沖縄における一人当たりの預貯金額が、日本のなかではもっとも低いレベルで推移していることは、沖縄におけるライフスタイルに大きな影響をもたらしているだろう。また、金銭商品経済の浸透は、広告宣伝の拡がりとともにマスメディアの影響を高める。

こうして、沖縄の人々のライフスタイルにあっても、家族や集落の影響は徐々に低下し、学校・

企業・マスメディアの影響が高まってくる。そのなかで、そうしたものへの依存が高まり、そうしたものに権威を感じるようになってくる。その一例は、一九八〇年代から広がる第二章6で述べたストレーターコースの拡大である。こうして二〇一〇年代の現在では、かなりの大学生高校生は、それを肌で感じ、そのコースでの成功にかける生き方をしている。

寿命・健康・人口減少

平均寿命は数十年前まで五〇歳前後であったが、近年では八〇歳を越えた。沖縄は世界的に見てもその時期がとても早く、沖縄の長寿は世界的に注目されてきた。それは沖縄的ライフスタイル、そしてライフサイクルの特性を生み出していたはずだ。ところが、近年、その伸びにブレーキがかかり、日本全体の中での順位を落としている。

これらのことは、医療・健康観・身体観の変容と結び合っている。たとえば、人々の中で、民間医療の比重が低下し西洋医学依存が高まっている。それは、自己の身体についての感受性・認識力の弱まりを伴っているともいわれる。スポーツや健康にかかわっていうと、筋力トレーニングに象徴される体力増強がいわれ、鍛錬型の身体認識の比重を高めている。あるいは、通常の食事よりも薬・サプリメントなどへの依存の高まりが指摘される。

さらに、長寿観とか生命観の変容ともつながっている。健康や身体にかかわる沖縄のことわざにおける変容なども検討してみる必要があろう。最近、見直されているようだが、地元にある薬草の活用は、実際のところ、どうなっているのだろうか。日本全体の動向として、先進諸国のなかでも、西洋医療への過度の依存がみられるとの指摘は、沖縄ではどうなのだろうか。

少子高齢化・人口減少、そして経済縮小への対処が、多くの先進国に共通する課題になってきているが、沖縄でも意識されるようになってきている。人口・経済が右上がりで来て高原状態に達し、その後の停滞ないしは落ち込みが始まるのはいつごろなのか、概観してみよう。

他府県の田舎・・・一九七〇~八〇年代
首都圏を除く他府県の都市・・・一九九〇~二〇〇〇年代
沖縄の田舎・・・一九九〇~二〇〇〇年代
沖縄の都市・都市近郊・・・二〇一〇~二〇二〇年代

このように、他府県とはストーリーが二〇年ほどずれている。それは単なる遅れなのか、それともアナザー・ストーリーをたどっているのだろうか。アナザー・ストーリーであれば、沖縄的なライフスタイル、ライフサイクルの発見・追求・創造が求められる。つまり、右上がりから脱出して、定常化ないしは右下がりへの対応に、沖縄らしいライフスタイルの構築が課題になる。

すでに生じていることから示唆するものを探すとすれば、就職における県内志向の増加のなかでの県外転出の減少、Uターンの増加がある。その際、背景として沖縄のもつ人間関係の豊かさ、優しさ、暖かさなどと対比し、他府県で出会った体験として大量生産大量消費、金銭商品への過剰依存などに伴う殺伐とした人間関係や孤立への拒否反応ではないかと語られる。

このように語られる沖縄の魅力が人々をつかみ、ウチナーンチュが沖縄に戻るとか留まるとかだけでなく、他府県からの沖縄への社会増を生み出している。観光にもそうした色彩が見られる。「癒し」やパワースポットを求めるのが一つの象徴だろう。

※なお、本書では、宗教、産業経済、職業移動・居住地移動と学校、人間関係、家族、ジェンダーといった諸分野についても論じる予定であったが、分厚すぎる書になることを避けるために、割愛した。それらについて、いずれなんらかの形で公開したい。

なお、吉野航一『沖縄社会とその宗教世界』（榕樹書林、二〇一二年）は、沖縄的なものをめぐって論じている本書とかかわって興味深い論点を提出している。

ステレオタイプな「沖縄」観を覆す

2. 沖縄の人は英語が上手い

これは、私が一九七二年春からの沖縄生活を始める前に東京でしていた家庭教師相手の中学生からいわれたことだ。沖縄では日常的に英語を話しているから、私も英語が上手くなるだろう、ということで発した言葉だった。

これは、その子どもだけでなく、当時の多くの日本人に見られた認識だ。近年では、そのような先入観は薄れてきたようだ。

3. 沖縄の人は泳ぎがうまい

海に囲まれているから、沖縄の人は泳ぎがうまいはずだとよくいわれた。しかし、私が沖縄生活を始めた一九七〇年代では、泳げない人が圧倒的に多かった。当時、私が勤務していた琉球大学教育学部では、水泳実習を重視していた。それは、教員採用試験で一定距離泳ぐことが、一大関門になっていたからだ。当時、小中学校にプールが未設置だったが、七〇年代八〇年代に各学校に設置されていった。しかし、教員自身が泳げないから指導できないという難題があったのだ。ひるがえって、他府県でもほとんどの場合、海で泳ぎを習ったのではなく、すでに設置されていたプールで泳げるようになっていた。だから、琉球大学教育学部では、泳げる他府県出身者、泳げない沖縄県出身者という事態が、八〇年代まで続いていた。

ちなみに、沖縄の浅瀬は、水遊びにはいいが、泳ぐには不向きなところが多い。浅瀬の多くはイノーと呼ばれるが、それは本土の海水浴場のように遠浅というのではなく、ずっと足がつくほどの浅瀬のままで、突然深みになるという形であり、浅瀬は干潮時に水が引いてしまう所も多い。

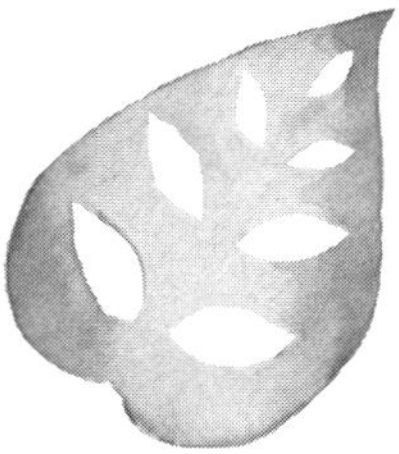

第五章

外部支配と沖縄・沖縄的沖縄脱出と沖縄独白

1．外部による支配と沖縄・沖縄的

外部支配

一五世紀以降、沖縄・沖縄的のありようを強く規定したのは、沖縄を統治支配したものの動向・施策である。その統治支配には、一五～一六世紀の琉球王国のように沖縄内部によるものと一七世紀以降の沖縄外部によるものとがある。本章では、沖縄外部による支配に焦点を当てて考えてみよう。

外部による支配が沖縄特有の構造をとって、それが沖縄的な政治を作りだしただけでなく、産業経済のありよう、人々の生活のありよう、そして言語を含めて教育や文化芸能のありように深くかかわったことは広く知られている。

たとえば、近世において、実質的に支配統治した薩摩は、中国との交易を続けて利益を継続させることもあって、それまでの琉球王国の形式は保持したままにした。と同時に、稲やさとうきび生産などに力を入れ、薩摩の収益を確保してきた。そして、文化的にも沖縄的を意図的に形成維持してきた。そうした薩摩支配とからんだ沖縄的の生成変化があり、それが薩摩支配終了後も、その後の沖縄的のありように大きな痕跡を残している。

外部勢力による支配にも大きな違いがある。首里王府を介しての薩摩の間接統治の形をとった近世、そして、日本政府の直接統治であった明治―大正―昭和戦前期、さらに、戦後期の米軍による直接統治と間接統治の混合形態、さらに「復帰」後の日本政府による統治（直接統治の側面と間接統治の両面を持つ）、それらの間にも大きな違いがある。

そしてそれらの統治の進め方自体にも沖縄的な展開があったことに注目する必要がある。たとえば、薩摩による沖縄支配のなかで、薩摩の指示を浸透させるありようがある。そのなかで、日琉同祖論が生み出され広げられるとともに、薩摩の指示もあって、中国との関係および大和との関係でも、「異国風」を保持するための営みが展開される。それらのなかで、薩摩に管理されたものという性格をもちつつも沖縄的が創作される。

明治以降の日本政府の統治では、近世とは比べものにならないほど強力に沖縄的を排除抑制する動きが展開されるが、そのありようにも、実は沖縄的スタイルがあった。

このような沖縄的なものにかかわる外部支配にあっては、まず支配勢力の定める標準の規定と標準に従うことの強制がどうであったか、そのなかで多様さの許容・促進がなされたかどうか、そして、強制と許容のいずれに比重がかけられたのか、あるいは両者をどのように組み合わせたのか、それらの点の検討が必要となる。

沖縄・沖縄的を肯定促進するか否定抑圧するか

沖縄的を肯定促進するか否定抑圧するかの動きには、その時代の沖縄支配のありようが強くかかわる。沖縄支配が沖縄・沖縄的を否定抑圧するとき、沖縄内にはそれに合わせる動きと、対抗して沖縄・沖縄的を守り育てようとする対照的な動きとが生まれる。たとえば明治後半から昭和戦前期の教育界では、支配者によって沖縄・沖縄的への強力な否定抑圧がなされるが、たとえ弱い動きであっても、それに対抗する動き、かいくぐろうとする動き、すり替えようとする動きなどが存在した（照屋信治『近代沖縄教育と「沖縄人」意識の行方』二〇一四年、渓水社参照）。

戦後の米軍支配下にあって、沖縄的なものを促進しようとする動きを米軍当局がとろうとした時、教育界の大勢は、それに抵抗し、日本語教育を軸に「日本の教育」を守ろうとした。

このように、沖縄支配にからむ外部勢力による動きが、沖縄的なものに強い影響を与えた。それらには、一方に沖縄的なものを抑圧排除して、外部からのものに取り換えようとする動向があると同時に、他方に沖縄的なものを保障しつつ、外部から持ち込んだものとの交流協同を促進しようとする動きもあった。両者が複雑にからみあうことも多々見られた。当然、沖縄内部のそれらへの対応にも多様なものが存在した。

いくつかの歴史例を見てみよう。

一六世紀以前には、日本・朝鮮・中国・東南アジアといった地域との多様な交流が展開した。外部支配はないとしても、沖縄統治に深くかかわった外部勢力が存在した。その代表的なものが、中国と結ぶ勢力の動向である。それは、冊封・朝貢・交易といったことでの中国との関係だけでなく、東南アジアとの交流にも深くかかわり、「中国的」が沖縄に深い影響を与えた。また、日本勢力にも僧侶など沖縄統治にかかわるものがおり、それが深い影響をもたらした。

そうしたなかで、沖縄・沖縄的の形成がすすんだともいえる。沖縄語の仮名表記、沖縄独自のデザインの登場、さまざまな地域の文化を取り込んで生成変化していく地域芸能の沖縄的な展開などがみられよう。三線の伝播・改良などにもそれらが見られよう。また、軍事分野でいうと、戦闘形態・戦闘技術などにもそうしたものを見ることができよう。

近世の薩摩勢力による沖縄支配では、交易維持のために、沖縄らしさを演出するなど、日本風・中国風・琉球風の併存・使い分けも行われた。

このことについての沖縄史研究者の赤嶺守の次の指摘は、その構図をわかりやすく提示している。

王府は中国の東アジアにおける冊封体制を後ろ盾とし、中国との冊封関係と幕藩体制を対峙させる中で、独自の国家体制を保持する策を見いだしていきます。近世期全体を通じて存続した両属意識のバランスの上に、自国意識を強化し、それが王国支配層の国家意識として定着するようになります。琉球王国はこうした両属意識に立脚しながら、独自の存在感を示すようになります。王府は日本と中国のポリティカルパワー（政治力）の均衡をはかり、幕藩体制に組み込まれた異国としての「日本の中の琉球」と、そして冊封体制下の属国といった「中国の中の琉球」という二面性をもつ国家を作り上げていきます（赤嶺守「琉球王国存続の舞台裏」前出『沖縄からの眼差し・沖縄への眼差し』一四ページ）。

一七世紀に始まる外部勢力による支配は、明治以降も日本政府→米軍→日本政府というように続く。そして、その外圧的なものに内部で対応する、つまりは内部支配に転形する動きも強まり、外側と内側が一体化したような形になっていく。明治期以降は、支配体制を国民国家単位に捉えるのが世界的に一般化するなかで、そうした要素が高まっていく。それに対抗するとすれば、「沖縄独立」論にいきつくのが一つのありかただろうが、それも近代国民国家枠組みに依拠するものだろう。そうした国単位の枠組み思考の代替物ないしは派生物として、エスニック視点や連合型国家像なども提出されている。と同時に、政治的軍事的にはこうした思考に囚われざるを得ないことを踏まえて、次元を文化に移して、国境なしの思考を試みる動きも根強い。

明治政府は、試行錯誤しつつも、沖縄的を抑圧排除していき、日本的にしようとしてきた。典型的には言語であり、公式の場、学校の場では、沖縄語を排して日本標準語を強制注入してきた。教育においては、言語教育を軸に、沖縄的を抑えきろうとしてきた。それはかなりの成功を収めたかに見えたが、そこには抑圧以外のさまざまな展開も見られることに留意しておく必要がある。同じ時代に、文化芸能分野においても沖縄的を抑え込もうとする動きがかなり見られたが、成功したわけではなかった。なかには、沖縄的を肯定的に保存するだけでなく、新たに創造しようとする動きまで生まれた。沖縄芝居のように、この時代特有の新たな沖縄的を創りだす動きさえ広がった。教育などで否定抑圧された沖縄的なものを、文化芸能で表出したといえなくもないかもしれない。

これらの複雑な動向は、沖縄の歴史的特性とかかわりがあるだけでなく、この時代の日本の植民地支配の展開ともかかわる。とくに植民地とされた台湾と沖縄との関係は複雑かつ鋭い問題を提出している。

戦後の米軍支配のなかでは、沖縄的なものを、日本との切断をはかる意図を含み持って米軍側が強調することがあるなど、新たな複雑な様相をみせた。そうしたなかで、沖縄的なものを追求する動向と、日本的なものを求める動きとが、複雑に絡み合って展開した。

アメリカの影響は、強大な軍事力を背景にした政治支配だけでなく、文化教育を通しても展開したのだが、沖縄側の反発など、米軍統治関係者が予期しない動きの広がりのなかで、かれらが期待したほどの成果を収めたわけではなかった。「アメリカ的」なものの浸透が大きく進んだというわけでもなかった。

さらに「日本復帰」後の沖縄は軍事的政治的側面と経済的文化的側面との複雑な絡み合いの中で進行し、そのなかで「沖縄的」がより浅くなる面とより深くなる面とが、からみあいつつ展開してきた。

2. 沖縄・沖縄的をめぐっての内と外とのからみあいとチャンプルー

支配と沖縄・沖縄的の多様で複雑な展開

これまで述べてきた外部による沖縄支配においては、支配施策と結びついたイデオロギーに注目する必要がある。そして、そこにも沖縄・沖縄的なものと外から持ち込まれたものとの複雑なからみあいがみられる。

そのイデオロギーは、儒教、日琉同祖論、神（沖縄の人々に長く広く信仰されてきたニライカナイ、オボツカグラ、祖先神など）、近代化イデオロギー、資本主義イデオロギー、軍事と結合したイデオロギーなどとしてあらわれる。

このように見てくると、一七世紀以降は、外からの支配によって生じた被支配の立場の中で、沖縄在住の人々によって内側から沖縄的なものが問われてきたといえるかもしれない。そのなかで、沖縄的なものは、「支配によって」あるいは「支配を逆用して」あるいは「支配をかいくぐって」展開していく。

しかし、支配は外からだけなされたわけではない。たとえば、宮古八重山や奄美に対して、本島の強い影響、特に王国支配のなかで、地域独自なものが抑圧排除されることが発生してきた。また、沖縄・沖縄的が意識され話題になり、あるいは対立葛藤が渦巻く時代があり、逆にそうでない時代があるというように、波がある。渦巻く時代は、沖縄における支配者の交代などがある時であり、また人々の移動が激しいときだといえよう。たとえば、一四～一五世紀は、多くの人が沖縄に渡来移住し、あるいは交易に伴う人々の移動が激しい時代であったし、地域の覇権をめぐる争いが激しい時代で、沖縄・沖縄的の生成変化も激しい時代だったといえよう。

一九世紀末から二〇世紀初めにかけては、日本の天皇制政府の支配下に入り、「日本化」が推し進められる中で、沖縄・沖縄的が問われる時代であった。また、二〇世紀初頭からの大量の移民出稼ぎという形での人々の移動は、「日本」とかかわって、あるいは「現地」とかかわって、沖縄・沖縄的が鋭く問われた。

沖縄戦下では、先にも述べたように、ウチナーグチを話すとスパイとみなされ殺される例が出るなど、沖縄・沖縄的が、日本との関係で生死とかかわるほど鋭く問われた。

戦後の米軍支配は、新たな支配者の登場、大規模な基地の存在が、沖縄的なものにも鋭く問題を突きつけた。その時期から「復帰」が近づく時期までは、日本とアメリカとの関係で沖縄・沖縄的が問われる時代でもあった。

「復帰」して日本政府統治下に入ると、とくに日本とのかかわりで、沖縄・沖縄的が問われる。また、外からの沖縄支配との関係だけでなく、世界的動向とかかわって沖縄・沖縄的が問われる動きが広くみられるのも、それこそ沖縄的といえるかもしれない。

標準化をめぐるからみあい

外からを中心とする支配のなかで沖縄・沖縄的が作られてきただけではない。沖縄の人々自身が沖縄を作ることにかかわろうと誰かがよびかけても、政治家などを除くと、遠い話のように聞こえるかもしれない。しかし、沖縄ができあがっていく流れのどこかに、たとえ小さな流れだとしても、個々人がかかわることが積み重なって、大きな沖縄・沖縄的が出来上がるのが実際だろう。

それらは時に、外からの抑圧に抗して噴出することさえある。一九七〇年のコザ騒動（暴動）にそうしたことを見るのはたやすいだろう。言語を例にすると、人々の感情が沸き上がる時、生活感情を表しやすいシマクトゥバでもって表現するのは、その一つだろう。また、ここ一〇〇年余りのなかで生まれてきたウチナーヤマトグチを担ってきた人々は、沖縄在住の個々人だともいえよう。どこかで誰かが作り、標準化したものではないのだ。たとえ標準化があったとしても、外側の権力によって〝作る〟だけでなく、内側でも、〝作る〟営みが存在してきたといえよう。

標準化には、単一志向を伴うことが通常だ。言葉を例にとると、多様な言語が併存するのを許容できずに、一つの「優れた」「強い」ものに単一化させようとする。明治以降の東京語・共通語・標準語が、その典型例だ。そうした単一化は、多様な言語が併用される余地を狭め、単一の標準語（共通語）を使わせ、バイリンガル・トリリンガルを許容しないことに連なる。

あるいは、「これは本物の沖縄のものです」という表現にしばしば出会うが、本物（オーセンティック）を求める動きも、標準化と重なりがちだ。

類似の用語として、「沖縄固有」というものがある。生物学では「沖縄固有種」という表現がある。それらにしても、「昔からずっと続いてきた」ものではなく、始まりがあり変化がある。さらに、沖縄内の地域ごとの変種が存在する。生物学では、対語として「外来種」があるが、「固有種」にしても、渡来してきたものが長年にわたって「固有種」化したという性格をもっており、「外来種」と「固有種」との区分は絶対的だという訳にはいかない。

チャンプルーと沖縄・沖縄的

沖縄には標準化とは対照的な多様性があり、その多様性を許容するにとどまらず、奨励するところに豊かさがあるという見方が存在する。沖縄外のいろいろなところから流入してきたものを混ぜこぜにしながら、沖縄らしいものを作り出すチャンプルーを誇りにして、それにアイデンティティを感じるといえるかもしれない。

三線を例にとると、一五世紀ごろに中国から流入してきた楽器を、沖縄的に創造発展させた。そして、近世において、工工四楽譜創造にみるように、音楽としての創造的洗練化がすすみ、現在いうところの「古典」が確立する。さらに時代を下ると、「民謡」と「古典」が並立する流れがつくられるとともに、人々の日常生活に不可欠なものとして広がり、楽器がなければカンカラ三線を制作するほどになる。さらに、ポップス・歌謡曲にとどまらず、西洋音楽など多様なジャンルとのコラボ、つまりはチャンプルーが進んでいく。

日常生活に根ざしたものは、沖縄に関わる人々が、自分の必要・好み・考えをもとに、受け継いできたものや流入してくるものから取捨選択創造していく営みをもとにしている。一九八〇年ごろ、私は「教育実践の自己展開サイクル」(事実→分析→方針→実践→事実……このくりかえし)を提案した。それは、教育実践に限らず、日々の営みで行なわれているものだ。かりにそうなっていないとしたら、行ってほしいものだ。そうしたサイクルが欠落したところでは、外部権力から指示、あるいは標準という権威に従って、自分なりの思考を欠落させて、行動している事になる。外から流入してくるものをかたくなに拒否するのではなく受容しつつも、沖縄なりの主体性をもってチャンプルーしつつ沖縄・沖縄的を創造発展させていくのだ。

こうしたことは、外部権力や標準への権威主義的追随との対抗関係のなかで保たれていく。そして、現実の沖縄・沖縄的は、外と内との絡み合いの中でできあがってくるものが多い。たとえば沖縄アイデンティティは、主として「内にいる」と意識する人が、外とのからみのなかで、自己意識する際に使われやすい。

沖縄にアイデンティティを感じながら、多様なつながり・共同のなかで、沖縄の「なる」「出来上がる」「つくる」の流れに関わりを持ちたい人は多いだろう。それらの人々による動きには、これまでの論述を踏まえると、次のようなことが言えるだろう。

統一的な志向性をもつこともある（復帰運動がその例）が、と同時に、あるいはそれ以上に多様な動きが重なりながら、結果として自生的なチャンプルーができあがっていく性格が色濃いのだ。また、沖縄には多様な境界を見いだせるが、それらの存在を沖縄内外にとって有益なものにしていくことを重視していく。それは、閉じた沖縄ではなく、開いた沖縄として捉え行動するものである。沖縄を閉じさせようとするのは、むしろ外部の側であることが多く、沖縄自身は開くことを重視してきている。そして、外側と通じ合い（交流・協同によって）、境界を無視・変更していくテーゲーさ（おおまかさ）を大切にする。そのため、境界を流動的なものにし、動的な沖縄であろうとする。

そこで、沖縄外と思われがちな所から来訪したヒト、コト、モノを、沖縄を押しつぶそうとしない限り、暖かく迎え入れ、交流協同をすすめ、それらを沖縄内のものにしていく傾向が強まってきた。

3. 国民国家と沖縄　沖縄の自己決定権

沖縄が国民国家体制にくみこまれる

第二章でスケッチしたが、近代に入ると国民国家が形成され始め、多様な問題を国民国家単位で捉えていくことが広がる。一八六七年の明治維新を区切りとする日本における近代国家の成立、そして一八七九年の「琉球処分＝琉球併合」以降、日本の国民国家管轄下に沖縄が置かれたことが、大変化をもたらす。それはまず、政治外交軍事分野で明らかになる。それらの背後には、世界を国家に分割し、とくに帝国主義による領土分割下に、地球上のほとんどの地域を置く動向がみられた。そしてそれは政治外交軍事分野だけでなく、人々の生活や文化を、近代国民国家の枠組みに収めるように変化させていく。

軍事的にいうと、すでに一八七九年段階で、日本の軍隊管轄下におかれ、それまでの王府の軍事ゼロ状態に加えて、警察機能も日本の警察機能の下に置かれていく。それは政治的軍事的決定によって遂行され、沖縄的なものを排除する方向に進む。

軍事のもつ画一性推進のために、軍隊内にはウチナーグチは持ち込めず、ヤマトグチ使用が強制され、それが軍隊外の学校教育にも及ぶ。

政治的軍事的外交的な分野における沖縄的なものの排除は、文化面生活面など多様な分野にまで及ぶ。加えて、政治的外交的に必要とあれば、明治一〇年代における琉球分割案、沖縄をアメリカ占領下に置くことを要請する昭和天皇発言などが生まれる。さらに、形式は日本統治下であるとしながらも、軍事的には米軍の沖縄在留を維持促進する形をとることが、軍事だけでなく国際文化交流にプラスになるような発言さえ出てくる。

また、地域独自が言われるときも、〈国家に捧げる地域〉という文脈で語られる。戦前の郷土教育にはその色彩が濃く見られた。その色彩は、戦後の教育政策で地域が語られるときにもたびたび登場する。こうした議論で登場するのは、日本単一民族論である。日琉同祖論がそれに引き寄せられて使用されることもある。

こうした政治外交軍事による文化統制という流れだけでなく、逆に文化の側から政治外交軍事の動向へのしたたかな反論や逆流も存在する。

国家を相対化する

国民国家の枠組みは、国民国家間の対立葛藤の渦の中に沖縄を叩き込み、沖縄戦をはじめとして沖縄に多大な犠牲を強いて来た。戦後の厖大な米軍基地の存在も、沖縄が望んだわけではなく、国家間対立のなかで持ち込まれたものだ。そして、近年緊張が高まっている尖閣問題もそうした色彩が濃い。

このことをめぐって、新崎盛暉の次の指摘は注目される。

もし尖閣諸島をめぐって武力衝突でも起これば、沖縄が戦場になることを意味する。問題を鎮静化させ、解決するにはどうすればいいのか。自らの主張の正当性を確信していても、「領有権問題は存在しない」と言い募って、対話の道を遮断し続ければ、力による解決しか道はない。平和的な問題解決のためには、対話による説得、あるいは妥協が不可欠である。日中両国の対話の場に、沖縄と台湾という二つの地域を加えることが不可欠である。そのことによって領土ナショナリズムを相対化する糸口が見えてくる。(中略) 文化、経済、観光など、あらゆる面での交流を盛んにし、自己中心的で偏狭なナショナリズムを薄める努力をすることも必要である (前出『沖縄を越える』一二六ページ)。

また、沖縄独立論をめぐっての新崎の次の指摘にも注目したい。

今必要なことは、新しい国家をつくるよりも、できるだけ国境を低くし、国家を相対化していくことではないでしょうか。そういうことも全部見据えた上で、自己決定権を確立する、平和を作りだす、という目的を追求する手段として、独立というのが一つの選択肢としてあってもいいけれども、今、それを選択できる状況ではない（同前、一六一ページ）。

「国境を低くし、国家を相対化していく」という指摘は、大変重要な視点だ。

国際政治学者の藤原帰一の次の記述は、これらの問題把握の深化の一助になろう。

国民国家それ自体が近代の概念である以上、それと結びついた「国民固有の領土」という観念も近代の産物である（藤原帰一『戦争の条件』集英社、二〇一三年、一一六ページ）。

第一次世界大戦のさなかにウィルソン大統領が訴えた民族自決とは、厳密に言えばネーションの自己決定であって、別に民族ごとに政府をつくる権利を認めたものではない。英語のネーションはもちろん国民という意味であるが、民族と同じ意味の国民を指すことも、また市民社会の構成員という意味の、すなわち「民族」という限定のない政治社会を意味することもある。そしてウィルソンにおけるネーションとは後者の意味であった（同前、一五九〜一六〇ページ）。

「ネーション」「国民」「民族」といった言葉が区別なしに同一の意味で把握される傾向が広く見られ、それを沖縄にも及ぼして考える動きが根強い中で、これらの指摘は重要な意味を持つ。加えて、次のように述べる。

現実の事例と照らしてみれば、民族や国民の境界は時代によって変化することが明らかとなる。国民意識を所与のものとして考えることもできないだろう（同前、一六四ページ）。

だから、日本・沖縄についての意識も、本書のこれまでのなかで見てきたように、歴史のなかで変化してきたし、今後も変化していくだろう。

沖縄の自己決定権

近年、沖縄独立論とならんで、沖縄の自己決定権という言葉をよく目にするようになった。その意味合いは、論者によって多様だが、沖縄を考えるうえで、示唆的なものがみられる。

その注目点を一つ紹介しよう。

国際法学者の阿部浩己氏（神奈川大学教授）によると、（自己決定権の）権利主体である「人民」には、一義的定義はなく、エスニック・アイデンティティー、共通の歴史的伝統、文化的同質性、言語的一体性、領域的結び付きなど一定の客観的指標が求められるが、最も重要なのは「その集団の自己認識」だという。

この意味で、沖縄の人々はその定義に当てはまる多くの要素を持っている。ウチナーンチュ（沖縄人）という自己認識（アイデンティティー）が強く、加えて米軍基地の集中という現在の差別的状況、琉球王国という歴史的経験、固有性の強い伝統芸能や慣習、しまくとぅば（琉球諸語）という言語的一体性、琉球諸島という領域的結び付きもある（琉球新報社・新垣毅編著『沖縄の自己決定権――その歴史的根拠と近未来の展望』二〇一五年、高文研、一三～一四ページ）。

また二〇一四年に立ち上げられた「琉球・沖縄の自己決定権を樹立する会」は、次のように述べる。

ウチナーが四〇〇年余に亘るヤマトの一方的な支配から解放されるには、ヤマトを相対化すると同時に、私たちが琉球民族としての〝自覚〟と〝誇り〟を取り戻すことが何より大事です。そしてこの自覚と誇りはウチナー・ナショナリズムに陥るのではなくて、〝人間の尊厳〟つまり〝人権〟という普遍的な価値に基づくものであり、他の人々との〝共生〟の理念を根本に置いた人間解放の哲学でなければならないと考えます（琉球・沖縄の自己決定権を樹立する会編『うちなーの夜明けと展望』琉球新報社、二〇一五年、九一ページ）。

基本姿勢

1、いにしえから受け継いできた琉球・沖縄の非武の思想と伝統に基づき、基地のない自立沖縄を目指します。

2、「命どぅ宝」という平和思想及び「イチャリバチョウデー」「ユイマール」の精神を心の糧とし、共生社会沖縄を築いていきます。
3、日本国憲法の「主権在民」「基本的人権の尊重」「戦争の放棄」「自治権の拡大」を、政治、経済、社会の各分野で、日常的に生かしていきます。
4、沖縄が培ってきた歴史や文化を尊重し、自然を尊ぶ精神土壌を大切にし、環境にやさしい循環型経済社会をつくっていきます。
5、人間の尊厳をすべての価値の根源におき、アジア近隣諸国民との交流を深め、とくに東シナ海を平和な海に再生し、共存共生の国際社会の一員として生きていきます(同前、九三ページ)。

二〇一六年の沖縄県民意識調査によると、

前回調査の二〇一一年から尋ねるようになった「今後、日本における沖縄の立場(状況)をどうすべきだ」という質問に対し、「現行通り、日本の一地域(県)のまま」と答えた人は六一・八%だった一一年に比べ、一六年は一五・七ポイント下がって四六・一%と半分を下回った。「日本の一地域だが、沖縄関係予算の編成権を持つなど内政上の権限を強化した制度(道州制の沖縄単独州、自治州、特別県制など)を取り入れるべきだ」(中略)が一七・九%、「内政上の権限を強化し、さらに外交・安全保障に関しても沖縄側が政府と同等の権限を持つ連邦制にすべきだ」(中略)が一四・〇%、「独立国になるべきだ」が二・六%となった。一方で「分からない」と答えた人は一八・〇％だった（前出「沖縄県民意識調査報告書」三七ページ）。

興味深い論点に満ちている。これらは主として国家がかかわる政治レベルの議論と思われがちだが、個人レベル・文化レベルなど多様なものを含んで総合的に展開され、また世界的な時代変化と響きあって進んでいる点に注目したい。

4. 沖縄と日本

沖縄と日本との対比

谷富夫は、自らの編著書の冒頭で、鈴木広の次のような指摘を紹介している。

沖縄の歴史的特性の故に、それは本土とは自他ともに『異質』だと容易に認識しうるような社会文化的風土があり、好むと否とにかかわらず、日本の中の異国といった印象・自意識がある事実は否定しうべくもない（谷富夫・安藤由美・野入直美編著『持続と変容の沖縄社会――沖縄的なるものの現在――』ミネルヴァ書房、二〇一四年、一ページ）。

この記述が示すように、日本・日本的と対比して、沖縄・沖縄的を論じることは、かなりの広がりをもっている。沖縄と日本という枠組みを中心にした対比の成立は、沖縄がはっきりと日本の枠組みに組み込まれた明治以降であり、沖縄史のなかではそれほど長い期間ではない。日本以外の地域と対比、比較して論じることも歴史的に行われてきたし、現代においても今後においてもなされることだろう。その対比・比較対象としては、次のようなものがある。

中国　アメリカ　東シナ海周辺地域　アジア　世界　島嶼地域　沖縄との共通性類似性を持つ地域

見過ごされがちなことだが、朝鮮半島の諸国とも深い関係が存在してきた。たとえば、琉球王国に先立つ王朝の中心があった浦添グスクには、高麗瓦が出土している。また、神社研究者によれば、済州島をはじめ朝鮮半島と沖縄には、信仰においてつながりをもつ遺跡があるとのことだ（岡谷公二『原始の神社をもとめて　日本・琉球・済州島』二〇〇九年、平凡社参照）。そして、中華世界秩序のなかで、琉球王国と朝鮮王国とは、中華帝国との間に同じ冊封・朝貢関係をもっていた。それが、明治天皇制支配以降になると、「琉球併合」「朝鮮併合」という歴史の中で、これら二つが日本の支配下に入り、さらに沖縄と朝鮮との間に序列感覚がつくられていく。朝鮮半島の国々、諸勢力、地域との関係での沖縄的の研究はそれほど進んでいるわけではないが、示唆的なものが多くありそうだ。

また、沖縄と日本を対比して検討する際にあっても、いくつかの用語が使用される。

沖縄に代えて、「琉球」「南西諸島」「奄美以南」「二七度線以南」
日本に代えて、「本土」「他府県」「ヤマト」「内地」

そして、これらの用語選択と組み合わせで、対比の意味合いが変化する。たとえば、「内地と沖縄」と「日本と沖縄」とでは、大きな違いが発生する。「内地」用語を使うと、「沖縄」は、所属している「日本」地域のなかで、「本来あるべき姿」とは異なったありように置かれた沖縄、あるいは「外地」「辺境」としての沖縄というニュアンスさえ含むことがある。

米軍統治下での沖縄と日本

日本と沖縄との関係をどのようなものと捉えるかは、一九四五年から始まる米軍統治において、米軍側がもっとも気づかったことの一つであった。

このことについて、鹿野政直は、次のように指摘する。

中心となったのは、近代をつうじて本土の人びとからの差別観に曝されるなかで、沖縄ないし沖縄出身の人びとに蓄積されてきたマイノリティ意識を利用して、心理的に日本から引きはなす、という方策です。その枠造りが、名称の変更でした。宣言というかたちをとったわけではありませんが、正式の切り替えは、一九四六年七月一日、統治の責任が海軍から陸軍へ移され、Okinawa Base Command（沖縄基地司令部）が Ryukyu Command（琉球司令部）に変更された時点をもってであろうと、わたくしは推定しています（鹿野政直『沖縄の戦後思想を考える』岩波書店、二〇一一年、二三～四ページ）。

米軍支配以前は、日本統治であるが、そこで用いられた「沖縄」用語との対比で、米軍は「琉球」用語を使用するのだが、それについて鹿野はさらに次のように述べる。

（一八七九年の琉球処分）それ以来、沖縄はその地を指す公式の名称とされ、その分だけ琉球は、さまざまなマイナス概念を載せる名称へと沈んでゆきました。と同時に、それだけにとくに暮しや文化の分野で、つまり私的な面で、いいようのない懐かしさを込められた名称ともなりました。米軍は、そのような陰影をもつ「琉球」を、いわば非日本化のシンボルとして、公式の名称としたことになります（中略）。

いわゆるヤマト世からアメリカ世への転換ですが、そのアメリカ世は、琉球という自己意識を押しつけられることで始まったといえます（同前、二四ページ）。

こうした米軍支配下で、沖縄は日本との関係で葛藤・模索・創造を積み重ねていく。それらについて、鹿野は、以下のように指摘する。

たしかに「祖国」幻想は、復帰運動のなかで最大限にまで肥大しました。しかし同時に沖縄の人びとは、占領を撥ね返したという経験、（結果として）「日本」から離れて（あるいは、離されて）いたという経験を積みました。（中略）
主語を沖縄人（沖縄の人びと）とし、「国民」という言葉に照らすとき、琉球処分に始まる時期は、「沖縄の人びとが『国民』へと連行されていった時代」、それにたいして占領を基底条件とする戦後は、「沖縄の人びとがみずから『国民』であることを求めていった時代」とする構図です（同前、五九ページ）。

こうした模索創造の動きを何人かの人物の思想に焦点化して鹿野は述べていく。その一人である中屋幸吉について、一九六四年に記述された次の文を紹介する。

沖縄人。これがコンプレックスの別名にまでなった。沖縄の人々は、このコンプレックスに朝な夕なに悩まされ、呪縛されたあまり、ついに沖縄人放棄＝日本復帰＝日本人宣言にたちあがったのである。／この非沖縄人＝日本人宣言が運動にまで高まって、今日の祖国復帰運動を現象せしめているのだ（同前、六二ページ）。

そして、大城立裕の次の文を紹介する。

「〈同質性〉ではどうしても割りきれない〈異質性〉」、「日本とのあいだのこの同質感と異質感」、

「日本なしで生きたい」という願望と、／「日本なしに生きられるか」という疑問とが共存、「沖縄と本土とのつきとはなれ」、「沖縄文化は日本文化と一面同族であり一面異族」、「沖縄の人は、本土の人間が大好きなんです。でも、大嫌い（同前、六九ページ）。

さらに、鹿野は「首里城復元のプロジェクトを専門家として主導した」高良倉吉について次のように紹介指摘する。

沖縄の自発性・主体性の発揮を主張すればするほど、その主張は、日本との親和性という特徴を帯び、また日本への沖縄からの積極的な貢献をめざすこととなります。そこにこそ、日本にとっての、沖縄固有の価値が存在するとされるからです。

こうして、琉球王国論に込められた自己回復という目標は、沖縄独自の立場からの日本への貢献の、自発的な（つまり他者から迫られてという、受動的なかたちでなく）提示に至ります（同前、一五一ページ）。

政治と文化

「政治」と「文化」「自然」とを対比的に捉える動向が生まれてくる中での田仲康博についての次の鹿野論は注目される。

「ゆったりとした時間の使い方や長寿食を沖縄に学ぼう。曰く、そこへ行けば本当の自分を発見できる。そんな語りが多く聞かれるようになった」、しかし『南の島』への憧れには、当然のことながら北からの視線が含意されている」（中略）しかもより恐ろしいのは、「視られる側が、視る者の視線を内在化する」ことであり、それによって完結するプロセスが、「現在なし崩しに進行していること」なのだ、と田仲さんは、指摘してやみません。氏の導きで、「政治や経済の領域には閉塞感が漂う一方で、文化の領域だけはエネルギーに満ち溢れているように見える」状況のもつ深く暗い穴を、覗きこんだような気がします。

一九八〇年代、「沖縄らしさ」を充填する文化が、一斉にといっていいほど活況を呈するようになったとき、わたくしは、そこに一種の自信の回復を見て、この現象は、ヤマト化ゆえに起きたのか、ヤマト化にも拘らず起きたのか、あるいはヤマト化を逃れて起きたのか、と自問したことがあります。しかしいまでは、ヤマト（の「政治」と「経済」）が押し寄せた結果としての、「文化」の主題化を基調とした、と答えることができるようになりました（同前、一五三～四ページ）。

ここには、「政治」と「文化」が対比的に把握され、「政治」を主軸にする視点があるといえそうな要素がみられる。では、「文化」を主軸にするとどうなるのであろうか。また支配政策の展開として「政治」「文化」がとらえられているが、民衆運動・社会運動の側からとらえると「政治」と「文化」の関係はどうなるのだろうか。

本書のなかでも、同じ文化分野とみなされている学校教育と芸能分野との対照的動向について、繰り返し論じたが、それらとのかかわりでも、より深めていく必要があろう。
田仲論の分析とも関連しようが、目取真俊《めどるましゅん》についての鹿野の次の指摘も注目される。

氏は、「明るく楽しい南国沖縄」「癒しの島」という「商品化された流通イメージ」と、それに身を投げかけてゆく風潮への唾棄を表明してやみません（中略）。そこには、「『南方』的な大らかさや明るさ。親切で、情が深く、シャイで口下手だが、根は人がいい」という、「商品としての『良き沖縄人』像」の宣伝されていることへの、我慢のならなさがありました（中略）。
その〝沖縄らしさ〟というとき、文化の根となっているのは（また、根としてしばしば称讃されるのは）、共同体意識です。相互扶助・人情味・温かさ・「いちゃりばちょーでー（出会えばみな兄弟）」などの価値観を盛りこんだ共同体＝シマの意識は、「本土」にたいするアイデンティティの象徴として強調される一方で、「本土」の側からも、近代で失われた人間関係への郷愁をもって顧みられ、自他ともに、〝沖縄らしさ〟の根幹と位置づけられてきました。そういう共同体（意識）のもつ閉鎖性や差別構造に踏みこんで、美名に覆われがちのその病根を掻きだす作業を始めます（二二八ページ）。

引用紹介してきたこれらの論は、見落とすことの出来ないものを含んでいる。では、これらの指摘のなかで問題にされている「政治と文化」「沖縄らしさ」「癒しの島」「良き沖縄像」「共同体意識」を、これらの指摘がいう落とし穴に入らずに、どうとらえていったらよいだろうか。こうした表現が広く使われている中で、どう語っていったらいいのだろうか。

5. 沖縄と日本との関係のとらえ方

「本土―沖縄」「日本―沖縄」構図

私は、一九七〇年代に沖縄について学び始め、沖縄についての研究を教育分野を中心に始めた。その際、当時の状況を反映して、「本土と沖縄」という構図が前面に出ていた。そのことについての一九八〇年代初めの私の把握は次のようなものであった。当時は、本書でここまで紹介してきた何人もの論にはほとんど触れていず、私独自のとらえ方だった。

本土と沖縄の比較の際、比較したものをそのまま結論であると把握し、それを絶対化して、本土イコール進んだところ、沖縄イコール遅れたところという安易な結論を生み出してしまうことがしばしばみられる。その結果本土無条件志向型を生み出しがちである。そして、それは本土に対するコンプレックス意識にまで転化してしまうのである。こうした発想は、沖縄における劣悪な状況をとらえる際、原因の主要部分が、政治的原因――島津の沖縄支配、戦前の天皇制国家権力の沖縄政策、米占領等――にあったことをみるのを避け、沖縄の風土、人間性に主要原因をみようとする誤った傾向をしばしばつくりだす。そして、こうした誤った発想をつくりだすことに積極的であったのは、それらの政治的支配者たちであったことをみわすれてしまうのである。

こうしたことと同時に留意すべきは、それに対する一種の機械的反発で沖縄のものがすべてよいのだという本土拒否論的発想がしばしばみられることである。それもまた短絡化といわねばなるまい。（中略）

歴史的にみれば、本土イコールすすんだところ、沖縄イコール遅れたところという図式が余りにも強力であったことから考えれば、沖縄のよいところ、すすんだところを発見することは重要であり、その意味では、本土拒否論、折衷論は一定の有用さをもっている点を留意しておく必要がある（前出『沖縄教育の反省と提案』二三〜四ページ）。

私は、ここで書いたことをスタートラインにして、模索しながら現時点に至っている。

ところで、近年では「本土」という用語が減り、「本土と沖縄」という構図と並んで「日本と沖縄」という構図も広く使われるようになっている。そこで、上記引用で書いたことも含ませつつ、現時点での「日本と沖縄」との関係についての諸論を、形式的に分類するなら、次のようになろう。

（1）無縁型　これは、一〇〇〇〜二〇〇〇年も前のことならともかく、ここ一〇〇〇年近くについては、皆無に等しいとらえかただろう。

（2）並列型　双方とも独自の存在であり、独自性をもつ沖縄と独自性をもつ日本とを並列してとらえる。といっても、両者に関係性共通性があることを踏まえる。

（3）両者は交流関係にあるが、しばしば対立対抗もする関係になると捉える。

（４）沖縄は、「日本」であり、「日本」になるべきものであり、「沖縄的」も「日本的」へと統合、ないしは吸収されるべきものだと捉える。
（５）「沖縄的なもの」は「日本的なもの」の典型、ないしは縮図だと捉える。

沖縄と日本との関係のとらえ方

これまでも述べてきたように、明治期以降の沖縄において、日本と沖縄との関係をどうとらえるかは、重大な論点であった。そのことについて、渡名喜明の次のまとめは検討の足掛かりになろう。

文化から政治・経済・社会・思想の各領域において近代沖縄の主要な課題であり続けてきたのは、日本（本土）と沖縄の〈差異〉をどう理解するかということであった。（中略）一つは、その差異が見かけのものに過ぎず、日本そのものの源流もしくは原型、さらにはあるべき姿が沖縄にある、とするものである。それは、沖縄文化を日本文化の異端と見なす通念に逆らうものであった。もう一つは、その「見かけ」、より正確にいえば〈現在〉を重視するもので、この見方は〈差異〉を〈落差〉と読み直す。そこから、沖縄＝琉球的なものを改変したり、落差を「格差」としてこれを「是正」する方針が出される。第一、第二とも〈同一性〉を志向しつつ〈差異〉を解釈する流れである。三番目は、この差異を〈多様性〉と読み直し、日本そのものをカッコにくくって、もう一つの日本を考えようとする潮流である。（中略）いわば「脱中心化」の潮流といえようが、この動きと連動する形で生まれてきたのがもう一つの沖縄を考えようというものだ。島嶼群として、あるいはアジア・太平洋の中の沖縄として。さらには世界に開かれた「ウチナーンチュ」として。

本書は、基本的には右の第三の潮流に属する（前出『ひと・もの・ことの沖縄文化論』九ページ）。

ここでいわれる一番目のものには、先の分類の（5）と同じであり、二番目は（4）に近いといえよう。また、渡名喜自身が立つ第三の立場は、（2）を発展深化させたものといえようが、その立場について、彼は次のようにも述べる。

多様性は、可能性に結び付くと私は考えています。ところが、日本の近代的発想はこの多様性を正当に評価するよりは、「単一性」あるいは「均質性」に重きを置いてきました。これらを前提として縦軸のどこかに日本をあてはめ、その上か下かによって他民族・他国家との文化的差異を理解・評価しようとしてきました。この発想が日本をいよいよ膠着化させ（同前、六六ページ）。

以上をもとに、日本ないしは本土と沖縄の関係について、異質同質に焦点化して分類すると、次のようになる。

a　まずは（2）の立場にたち、

a1　それを肯定的に捉える。渡名喜論のなかの第三の立場も含まれる。

a
　a1α　日本と沖縄とは、異質で区別されるべき（対等の）存在であると捉える。
　a1β　沖縄と他府県とは異質だが、ともに日本を構成する部分であると捉える。
a2　否定的に捉える。だから沖縄の本土への「同化」が必要ととらえ、前掲の（4）に行きつく。なかには対照的に「分離」「区別→差別」が必要だという見方もありうる。

b　沖縄と日本とは同質である、ないしは共通性が強いと見る。
b1　違いがあるとしても、部分的一時的であると見る。
b2　違いを遅れだと把握し、追いつくことを求める。渡名喜論の第二の立場である。そして前掲の（4）の立場となる。

こう分類できたにしても、異質にしても同質にしても、変化することに注目したい。異質が同質になったり、同質が異質になったりするだけでなく、異質なものにしろ同質なものにしろ、それぞれのものが変化するのだ。なかには消滅するものもあろう。

「沖縄は遅れている」構図

上記の（4）の一つの形として、本節冒頭引用で述べたように、沖縄と本土を比較する視点を強調しつつ、「沖縄は遅れている」ことに注目する発想が存在してきた。この（4）については、前掲の引用箇所で書いたことに加えて、教育分野にかかわって私は次のようにも書いた。

この発想で、教育史をみるさいには、「本土」と比較して「どれだけ立遅れているか」、あるいは「どれだけ追いついてきたか」という図式でとらえようとし、沖縄の教育の〔近代化〕を単純化し、量的にとらえる傾向となってくる。つまり、沖縄教育史を「本土」との比較を軸にした沖縄の教育界における量的努力でみることになりがちである。それらの視点からみれば、地域的環境上、本土各県と比べて多大なハンディを負っている沖縄は、いつまでも「本土」に追いつくことができずに、かついつまでも「本土」を志向せざるをえないという宿命論的な見方が生じざるをえないのである。

この視点の裏返しとしての先にも述べた本土拒否論的とらえ方での教育史のとらえ方も存在する。それは、「本土」による「沖縄」の差別ならびに同化、およびそれへの抵抗・克服ということで把握しようとする。たしかに本土各県とは質的に異なった差別的対処、同化的発想による教育政策が、日本の支配層にあったことは事実であり、教育史を検討する時、中心的柱になるであろうが、それのみに収斂させることはできない。それに収斂すれば、「差別同化をいかに拒否していったか」という点からのみ見ることになる。

こうした把握は、台湾や朝鮮などの植民地教育の史的検討においては、基本的な分析軸になるであろう。だが、沖縄教育史は同じような要素をもつとはいえ、これらの植民地教育と同列視することはできない。

これらの見方は戦後の歴史について、アメリカ―本土―沖縄の三者関係のみで見ようとする考え方につながってくる。その見方でゆくと、たとえば沖縄が、アメリカ的なものから「日本」的なものへといかに移っていったかというような単純化が生まれてしまう。

ところで、このような比較のあり方じたいも、実は、明治以降の教育史の展開の中で形成されてきたということをみておく必要がある。それは、明治における「近代学校」創設過程が、沖縄にとって、外的性格が濃厚な明治政府＝沖縄県庁の政策として遂行され、早期に「本土並み」＝皇国民化することを主眼として展開されたという事情と結びついている。（中略）

また、こうした比較を単純化絶対化する傾向は、日本全体の教育界に根強く存在しており、それが、沖縄でもより鋭くあらわれたという点もみておく必要がある。こうした傾向を、勝田守一・中内敏夫氏は「比較教育学的な思考法」と名付けて、「モデルをつねに欧米社会に求める発想は見落とすことのできない日本の学校づくりの特色である。」と指摘している。また、「比較教育学のいわば国内版」としての「管外視察」の例をあげ「『先進』府県の学校状況の視察」の盛況ぶりを指摘している。こうした指摘は、沖縄にずばりあてはまるものである。（中略）

必要なことは、こうした比較を、単純化絶対化することをつつしみ、比較でみいだした問題を、分析の契機・手がかりとして利用しつつ、事実をリアルに把握していくことなのである（同前、二二四〜二二五ページ）。

※文中の引用は、勝田守一・中内敏夫『日本の学校』（岩波書店、一九六四年）から

この管外視察は、「全国学力テストトップ県」への視察などとして、二〇一〇年代もなお盛んである。その発想には、「本土は、優れているもので、モデル・標準とすべきもの」という把握が前

提にある。その「モデル・標準に比べて」ということで、予め追求すべき価値が定まっており、沖縄の独自的価値、および本土以外の価値との関係は排除される。その際の本土は、日本の中心であり、代表的なものとしては東京など大都市、あるいは「学力テストトップクラス県」である。

そうした発想をとると、沖縄の独自性を低くみることにつながる。また、全国各地の地域との具体的なつながりを見落とす。そうしたなかで、「日本の中心への依存」体質を育むことにつながる。そして「日本の中心のありよう」への疑問や批判という姿勢が閉じられる。そして、沖縄を含めて全国各地の地域が協同して、日本をつくっていくという発想が閉じられる。

さらにいうと、日本国内だけに視野を限定する。「世界のウチナーンチュ」といわれるように、地球上の各地とつながってきた、つながっている沖縄を見落とすことになる。日本という枠組みにとらわれて、沖縄と世界各地とのつながりを見ないことになる。学力問題でいうと、世界的に関心を呼んでいる「学力」に関心をもたないで、日本の文教施策が追求している「学力」のみに関心を限定してしまう。

それらは、沖縄・沖縄的を低く評価し、場合によっては否定排除し、沖縄・沖縄的から脱出する動きを加速する。

「日本の典型・縮図としての沖縄」構図

先の分類の（5）については、引用した一連の文のつながりで、次のように述べた。

こうしたとらえ方は、本土―沖縄図式のような、遅れた沖縄を本土並みへというように、方向を一つにきめてしまうような硬直した見方を打破り、沖縄と日本全体を関係構造的にみ、沖縄および日本の教育の豊かな発展可能性を切りひらいてくれるものといえよう（同前、三〇ページ）。

こうした縮図論は、すでに伊波普猷、柳田国男、さらには民芸グループあたりから提起され、（4）の構図に対して批判的な人々に普及継承されていく。次の儀間進の論は、（4）に批判的であるとともに（5）とも異なる。

沖縄に日本文化の源流を求めることも意義があるけれども、日本文化の可能性としての、もう一つの日本文化の発展の地として、沖縄をとらえかえさない限り、沖縄は僻地と化してしまうだろう。心が本土に向くほど、僻地と化してしまうように思う（沖縄タイムス、一九七一年八月三十一日・九月十四日、儀間進『ウチナーグチ考』出版舎Mugen、二〇一六年所収、二五七ページ）。

こうして、（4）を相対化していく考え方が、（5）に限らず多様に生まれてくる。その点で、日本以外の多様な諸地域との関係で捉える発想が注目される。その多様さがまた沖縄らしいといえるのかもしれない。

ということで、一九八〇年代の私の「本土―沖縄」の捉え方も、以後変化していく。

一九七〇年代、八〇年代を、第一次沖縄研究とすれば、二〇〇〇年代半ばから二〇一〇年代後半に入るまでの沖縄研究は第二次といってもよいだろう。そこでは、日本本土だけでなく、多様な地域との関係を含めて、沖縄・沖縄的について多様なアプローチで考える作業を展開してきた。

6．噴出と抑え込み

噴出と抑え込みがせめぎ合う時

沖縄生まれの人が、会合の際にウチナーグチやウチナーヤマトグチで話したり、あるいは沖縄民謡を歌ったりするなど、沖縄的なものを出す時出したい時がある一方で、沖縄なまりのない標準語（ヤマトグチ）で話すなど、沖縄的なものを避けたり抑え込みたくなったりすることがある。同じ人でも、どちらが優勢になるかは、場面によりけりだ。

他府県で行われる全国各地からの人々の会合に出席したウチナーンチュでは、後者が中心になることが多かろうが、両者の気持ちが入り混じる時もある。昼間の硬い会合の時は、沖縄カラーが出ないようにするが、夜の懇親会になると、沖縄民謡を歌い、ウチナーヤマトグチで話したりする。それが、他の沖縄外メンバーから拍手喝采を浴びたりもする。

そして、自分のなかにあるそんな揺れというか二面に気づいて複雑な気分になることもある。相反する二面のどちらを表に出すかは、相手との関係、場面の状況による。沖縄的なものが歓迎される時と、否定的雰囲気を感じる時とが、同じ相手であってさえ、場面で変わることがある。

沖縄県外の人で、沖縄に強くかかわろうとする人にも、たとえば「沖縄はもっときちんとしなくてはならない」「沖縄には甘えがある」「沖縄の苦悩に共感する」「沖縄を支援したい」「沖縄を我が身の問題と感じる」などと、いろいろな考えのうちどの面を出すのか、場面によって変えたりする。

沖縄のなかにあっても、ウチナーンチュであることに誇りを持ち、それを押し出す人がいるかと思えば、沖縄的なものを否定的にとらえ、沖縄的でないようにしたいと思う人もいる。そのどちらかに割り切れるものではないことが多く、両者をあわせもち、どちらが前面にでるかは、時と場合によって異なることも多い。

沖縄のなかでの会合に、ウチナーンチュと県外出身者とが混じる時、これらが表面化することがある。昼間はビジネスライクな会だったが、懇親会になると、沖縄的なものにどういう立場をとるかで、大きな差異が出て、昼間とは異なった激論になることさえある。

こうした個人レベルだけでなく、社会レベルでも同様なことが言える。一七世紀以降の沖縄の歴史を見てみると、社会レベルで沖縄的なものが大きく噴出する時代がある一方で、沖縄的なものが抑え込まれる時代があった。

抑え込むことの最たる時代は、戦中期だ。ウチナーグチを使うだけでスパイとみなされ、沖縄人は愛国心が足らないと軍隊からみなされる中で、可能な限り日本人たらんとしたのである。たらんとさせられたのである。

沖縄的なものが花開く時でも、「自由に沖縄を謳歌する」というよりも、沖縄的なものを抑える営みへの対抗という意味合いをもっていたことも多い。

一六世紀以前の沖縄の歴史では、一七世紀以後の歴史とは構図が大きく異なり、沖縄的なものの噴出と抑圧の構図よりは、沖縄的なものの「生成」以前、ないしは「生成」過程の歴史だといったほうが適確だ。その点では、沖縄的特性は、生成の結果として生まれたものだけでなく、生成のありようにも見られるともいえよう。つまり、沖縄地域内外の多様な人・ものなどの交流の中で、あるいは人々の移住のなかで、その多様なものの影響しあい・混合・融合・対立・排除・抑圧・共同・相互促進など、くだけていうとチャンプルーのなかで進行したという点が沖縄的だといえよう。

アメリカ化・日本化・沖縄的と近代化

これらの構図は、近代以降、「近代化」という問題と複雑な関係を描く。

明治中期ころから近代化と日本化を事実上同一視し、日本化していない沖縄的を前近代的なものとみなす傾向が生まれてくる。その傾向は、その後も継続され、今日に至っても根強く存在している。明治期の日本本土においては、近代化は「欧化」と同一視される傾向が強かったのだが、近代化と日本化を事実上同一視した沖縄では、欧化が霞んでいた。戦後に至って、欧化がアメリカ化という形で本格化し、「アメリカ化＝近代化」という把握が広がった点が沖縄的でもあった。

こうして、日本化およびアメリカ化が近代化であり、沖縄的なものは前近代的だという発想が、長く継続することになる。

こうした問題を考える時、明治末期における風俗改良運動は、重要な検討素材となる。それは、断髪・ハジチ（いれずみ）廃止・琉装の和装化・ユタの排除などとして沖縄的なものの排除を大きな内容としていた。

興味深い問題の一つは、琉装の和装化であり、明治期後半段階では、洋装については関心・実践の対象となることは少ない。同様の問題が、沖縄食、和食、洋食の関係でも見られよう。沖縄での洋食は、本格的には戦後のアメリカ食の流入によって展開する。それは、近代化というよりは、生活の必要から、アメリカ食の物量的圧倒を契機として展開する。そして、戦後復興が少しずつ進んだ時期に、「生活改善」「栄養改善」としてのアメリカ食の展開が見られ、その折に、琉球大学における栄養学研究・教育、そして学外普及活動としてのアメリカ食の推進が注目される。

当時は、栄養不足への対処が中心であったが、そのことが、一九九〇年代になってカロリー過剰、メタボ問題として登場してくるのは皮肉なことであった。この現象は、この期間、豚肉料理でいうと、沖縄的な料理法が弱まり、アメリカ的な料理法が浸透してきたことと関係している、ともいわれる。

これらの排除と創造が同時に存在していたことをどう把握したらよいのだろうか。たとえば、琉球旋律が沖縄的だからといって排除する動きが起きたわけではなかった。本土から沖縄に赴任した師範学校教師の園山民平のように、琉球音階に深い関心をもち、それを使って作曲する人物もいた。そして、学校行事のなかで、沖縄的な曲の演奏などもしばしば行われている（前出『近代沖縄の洋楽受容』参照）。また、キリスト教の教会では、琉球語訳賛美歌がつくられ歌われた。これらには、上述の近代化問題についてみれば、日本化と同時に、洋楽受容という形での欧化もわずかながらも併存していたことが注目される。

と同時に、同時期に生まれてくるウチナーグチを使用した沖縄芝居上演の際に、学校生徒の観劇を阻止する動きなど抑圧排除の動きも強く存在した。

明治中期以降の沖縄的なものにかかわって、「門中化現象」とユタの動向は、興味深い問題を提示している。近世には士族のものであった門中組織が、明治期以降、地方農民たちの間にも広がり始める。早いところでは、地方役人層の一部で近世末期から始まっていた。そこでは、旧来の沖縄的なものが、門中原理にもとづくものへと再編されていく。

士族にしても民衆にしても、それ以前の「沖縄的」を組み替えようとする家父長的色彩の濃い儒教的原理が入り込んだのだ。明治政府施策は、その儒教的原理を支持し、学校での修身教授などを通して、近世より一層強力に、儒教道徳が庶民の間にも浸透することを求めた。

ユタが下す「チャッチウシクミ（嫡子封じ込め）」などの「判じ」は、そうした日本化原理と儒教原理に相反するどころか、むしろ促進する性格をもっていた。と同時、ユタは前近代的なものとして、明治政府の弾圧排除の対象であったから、相反する面をもっていた。

これらの問題には、さらに次のような問いかけが生まれてこよう。

・近代化は、「沖縄脱出―沖縄独自」構図のどちらの方向を強めたのか。
・「沖縄脱出―沖縄独自」構図の中のどちらが、近代化促進（あるいは抑制）にどう作用したか。
・近代化・合理化・科学化などと「沖縄脱出―沖縄独自」との間に生じる矛盾葛藤は、いかがだったろうか。

教育における沖縄脱出と沖縄独自

ここで、書き連ねてきた諸問題に私が関心を抱いた動機について、教育分野を中心に触れておこう。

私は、一九七二年四月から沖縄で勤務し始めて、沖縄の教育現場と深く付き合うようになった。当時ほとんどの教師たちは、異口同音に「沖縄は本土に遅れている。本土に早く追いつかなくてならない」と語っていた。一九七二年五月の沖縄の「本土復帰」という時期と重なっていたこともあろう。だが、その後もそうした語りをする人が絶えることなく続いた。

それには、次のような意味が伴っていた。

（1）沖縄の中には、見るべき優れたものは見当たらず、本土から学ぶことが重要だ。

（2）本土というのは、文部〔科学〕省の施策およびそれを推進するものを指すことが中心であった。

（3）文教政策に批判的な人たちでも、本土において文部省施策を批判する側のものから学ぶ必要があると語った。

（4）「沖縄の現実に立脚して」と言う場合も、本土基準で評価をして、「沖縄が本土から遅れている現実に対処しなければならない」という発想であった。沖縄自身の内部には評価基準が存在しないかのようであった。

こうした発想は、典型的な沖縄脱出志向であった。それは、「復帰」後四〇数年経過した二〇一〇年代半ばに至っても、沖縄教育界における基調的なものとなっており、弱まる気配さえ見られない。それは、沖縄脱出志向という以上に、脱出宿願というべきものになっている。全国学力テストでの順位への猛烈な関心が典型例だろう。

ひるがえって、それ以前を見てみよう。

沖縄で一般庶民を対象とする学校がスタートするのは、琉球処分＝琉球併合以降だ。それらは、沖縄内部の要求や発議でつくられたのではなく、沖縄にとっては外部としての性格が色濃い明治政府＝沖縄県庁の施策としてつくられていく。そして、沖縄住民を日本化＝ヤマト化（同化）する意図を強くもつものだった。さらに、明治天皇制国家に従う意向が未成立な住民を支配していくうえでの先兵的役割を担うものだった。

だから、当時の学校は沖縄脱出志向を強く持つものだった。沖縄独自志向は、政策実施者には徹底的に抑え込むべきものとされていた。あえて沖縄独自があるというなら、抑圧的権力支配的に展開された政策遂行のありように見られたのである。象徴的なものとして、ウチナーグチ学習どころか、その使用さえ抑圧禁止して、バイリンガル的ありようを封じ込め、共通語を強制注入しようとしたことがある。

そうした体質が、政治体制が変更になった戦後においても続く。それは、米軍権力がそうさせた、というのではなく、戦前に形成された沖縄教育界の体質的なものが、そうした動きを強力に作り出し実現したという歴史的性格をもっているのである。

無論、以上のことは一色に染まって展開したわけではなく、沖縄脱出ではなく、部分的とはいえ沖縄独自なものを主張し実践する動きがあったことを見落としてはならない。

そうした動きの一つとして、音楽分野の事例を挙げることができよう。著名なものとして、宮良長包による沖縄音楽の色彩を含んだものの作曲演奏などがある。戦後においても、音楽や、学校行事とくに体育的行事においては、エイサーなど沖縄らしい集団表現が取り上げる事例がかなり見られてきた。

しかし、「沖縄脱出―沖縄独自」が厳しくぶつかり合った言語分野では、長く沖縄脱出型が支配してきた。そのなかにあって、一九九〇年代に入り「シマクトゥバ」を取り入れる動きが登場したこと、あるいは、二〇一〇年ごろ以降になって、中城村における「護佐丸科」の登場などのような郷土教育の活用が注目される。

そうした郷土教材をカリキュラムに入れ込む例は、戦前でも、とくに昭和前期の郷土教育の動きに見られた。だが、それは上からの教育行政が指示命令した枠内で展開したものである。

※そうした状況のもとで、私が展開したことについては、章末コラムに書く。

脱出と独自とのからみあい・格闘

教育に限らず、二〇世紀末ごろから、沖縄独自を強調する動きが広がってくる。沖縄ブームを呈するものさえ現れた。と同時に、ブームの内実を問う動きも生まれてきた。

そうしたなかでは、こちらの分野は沖縄脱出で、あちらの分野は沖縄独自だとは言い切れないのが、むしろ通常だといっていいほどだ。この両者が共存していることもあれば、分野内部で両者のせめぎ合いが見られることもある。

といっても、これらの動向が常時意識的にこの問題にかかわっているわけではなく、無意識に両者を併存させていることもある。実際は、この無意識共存が多いかもしれない。と同時に、この問題に積極的にかかわろうとする動きもあるだろう。

たとえば、空手では、日本武術、中国武術との関わりを持ちつつ、沖縄独自の創造が、ここ一〇〇年以上にわたって進んできた。したがって、その検討には、多様な角度の視点が必要である。武術論、身分論、文化交流論、教育論、スポーツ論、身体論、………。そして、それらには、沖縄独自の展開を重視する動きもあれば、他地域から学び取ろうとする動き、さらには他地域に普及展開させる動きなども見られる。私のようなズブの素人から見ると、そこでは沖縄独自と世界的枠組みとのからみあいが、これまでにないレベルで進んでいるように思われる。

一九七〇年代における私の挑戦

一九七〇年代、沖縄生活の日が浅い時期にもかかわらず、私は果敢にというか、無謀にというか、怖いもの知らずというか、いずれにせよ沖縄教育界のありように挑戦した。

そのアプローチの一つは、「沖縄の教育実践のなかにも、こんなに素晴らしいものがある」ことを発見し、それに励まされつつ、またその現実に立って新たな実践を創造していくことを呼びかけることにあった。

その舞台としては、私がかかわっていた沖縄生活指導研究会が編集発行する『民主的な子どもを育てるために』（一九七三年発刊　当初の編集責任者は浅野誠）を活用した。

創刊号は一〇〇〇部印刷したのだが、すぐに品切れになった。そうした類がなかったこともあるし、沖縄の実践記録が掲載されているということが、驚きと喜びとをもって迎え入れられたからであろう。数年後には、生活指導分野に限定せずに、広く教育実践を掲載するということで、誌名を『おきなわの教育実践』と改めた。同誌には、沖縄教育史的な記事を掲載することもあった。それは、本論でいう「沖縄脱出―沖縄独自」という問題を読者に考えてもらう材料提供という意味をもこめた。

そして、一九八〇年、『新沖縄文学』（沖縄タイムス社発行）四六号に「沖縄の教育実践の課題」を掲載し、上述の問題を、「教育実践の自己展開サイクル」という形で問題提起した。それは、前掲の沖縄の教育実践の事実把握→分析→方針作成→実践→事実把握………というサイクルである。

さらに一九八三年刊行の浅野誠『沖縄教育の反省と提案』（明治図書）にも掲載した。同書は、ここで論じている「沖縄脱出―沖縄独自」の問題を、本格的に論じるものであった。

だが、以上の提起が沖縄の教育界に受け入れられたかというと、その後三〇数年以上経過した現時点でも、「全く不十分」といわなくてはならない。反論批判を受けたわけではない。あえていうと、一部を除けば、「無視」状態が続くのだった。それだけに一層、この問題をより掘り下げて再提起することが求められている。これが、この本書執筆の動機の一つでもある。

第六章

沖縄・沖縄的の現在とこれから

1. 沖縄内外の交流協同の拡大と多様化の進行

二〇一〇年代後半の現時点では、沖縄内外の多様な交流・協同が量的に拡大するだけでなく、質的な深化ならびに、より一層の多様化が進展している。それらは、「日本―沖縄」関係を一つの軸としながらも、それ以外の多様な要素が入り混ざっていることに特徴がある。その多様な要素を並べてみよう。

アメリカとの関係

まず、アメリカとの関係だが、一九四五年以降と同様、米軍基地の存在を軸に継続している。アメリカ、とくにその軍事戦略によって翻弄されることは、しばし続きそうだ。とはいえ、その戦略構築に沖縄自身がコミットすることは基本的に存在してこなかった。「抑止力」という言葉がよく使われるが、アメリカと日本の軍事戦略上の話であって、沖縄の平和・安全の視点からの議論が不在で、むしろ本質的な問題を隠す「政治」用語として使用されてきた。

そして、そのアメリカが直接、沖縄に向き合うのではなくて、日本政府が代わりに顔を出すという、一九七二年以降のシステムが継続している。そしてまた、東アジアにおける緊張の集中地域の一つとして沖縄が存在し続けている。その主因は米軍基地の存在である。そして、これらの事態は、当事者である沖縄の声・関与を極小化して進行していることに特質をみることができる。

それは、一九四五年に至る日米戦争における事態の再現ではないかと危惧する見方さえ生み出す。つまり、日本、アメリカ双方が、沖縄を本土防衛の捨て石、あるいは日本本土攻略の基地として沖縄を活用したことの再現ではないか、という危惧である。

これらは、国家間レベルの問題として、政治的軍事的次元で展開しているわけだが、政治的軍事的問題への関与が極小化されている沖縄自身の声は、自治体とともに社会運動の形で発する点が、今日の沖縄的特質をなしているといえよう。その社会運動が県民運動的性格を帯びている点、そして、近代以降の百余年にわたって継続してきた、沖縄的なものを日本的なもののなかに押し込めることに異議申し立てをする動きが拡大している点が、近年の沖縄的特質ともいえよう。

経済的なアメリカとの関わりは、「復帰」以前と比べれば、その比重を著しく落としている。それに代わって日本が圧倒的な経済的支配力を持っている。

文化面でのアメリカとの交流は、比重を落としたとはいえ継続している。アメリカ文化の圧倒的な影響が存在するわけではないが、西洋的近代化の流れを汲んで、アメリカ・日本に代表されるグローバリズムの動向が、文化面での影響力を持ち続けている。それは、人々の日常生活にまで及んでいる。

にもかかわらず、人々の思考・趣向・行動様式においては、西洋とかグローバリズムとかに集約できない沖縄的なものを依然として大きな流れとして持ち続けるだけでなく、より一層深化させ、むしろ逆にグローバルに発信しているとさえいいうる状況にある。その点に、沖縄・沖縄的の独自なありようがあるだろう。

アジアなどとの多彩な関係

長い歴史的背景のあるアジア、とくに中国（大陸・台湾・香港）、韓国、そしてフィリピンなどとの関係は縮小するどころか拡大している。二一世紀へと移るころからは、タイ、ベトナム、インドネシア、ネパールなど他アジア地域からの来訪・相互交流も盛んになってきている。それらの地域からの観光客が激増し、移住者も多い。

とくにビジネス交流の多い点が注目される。沖縄がアジアの物流拠点になる構想もからんで、アジアとの経済交流が進行している。那覇空港にアジアのハブ空港的役割を果たさせることで、物流拠点として整備拡大する動きがその象徴だろう。とはいえ、歴史的蓄積や「地の利」を生かすという点では、まだまだ大きな余地がありそうだ。

また、文化芸能面での交流と協同創造の展開に注目しないわけにはいかない。アジアをはじめとする海外に出ると、日本文化と並置する形で沖縄文化を位置付けることに出会うことがしばしばだ。教育面では、アジアとの交流は、交換留学・教員交流などがありはするが、時代的要請からみれば微々たる状態が続いている。そのアジアを含めて、世界との交流という視点でみると、教育面ではあまりにも乏しい状態が続いている。その主因は、日本の文教行政が沖縄の教育を決定的にコントロールしていることにあるといえよう。そのなかで、沖縄的な教育を創造する動きもないではないが、弱々しい。音楽芸能分野での海外との交流・協同の拡大とは対照的ですらある。

日本の他府県とのかかわりでいうと、観光客の激増を軸に、以前よりもはるかに多様な日本との関係・交流がふくらみ広がっている。それは、マスメディアやインターネットに代表される情報通信の発展、そして旅行経費の低価格化をともなう交通の発展を軸に、自然な流れを越えるほどと思われる。そして、社会増をかなり生み出すほどに移住者が増加している。

それらは沖縄的なもののありように、どのようなものをもたらすだろうか。軍事・政治的に沖縄を活用する次元に議論をおしこめることはできない。あるいは経済振興的観点からの観光産業振興に焦点が絞られすぎの傾向が見られるが、それらにとどまらず、人々の生き方・生活・文化にかかわる問題としての検討が求められよう。

世界のウチナーンチュ大会が象徴的だが、まさに多様な世界とのつながりが拡大している。ブラジル・アルゼンチン・ボリビア・ペルー・ハワイなど南北アメリカをはじめとする、世界の沖縄出身者在住地域とのつながりが増えてきている。近年では、ニューカレドニアとのつながりが注目されている。百余年にわたる各地への沖縄移民の歴史的蓄積が、今日において一つの大きな力になってきているともいえよう。

それらは、アジア的視野、さらには世界的視野のなかで沖縄を位置づけ生かしていく動向ともなっている。また、近年の流行語ともいえるグローバルな動きの沖縄バージョン、沖縄的なグローバリズムの展開といえるかもしれない。

これらの動きが、沖縄外から沖縄内への動きだけではなく、沖縄内から沖縄外への動きを相伴っていることは当然のことだろう。ビジネス協同、文化協同、就職進学などだけでなく、観光で沖縄外に出かける人、さらには沖縄外に移住する人も目立ってきている。かつての移民奨励策動向とは、レベルが異なる展開であるが、それらがどういうものを作りだし、沖縄・沖縄的にどうかかわるかという視点からの検討が必要だろう。

沖縄内外の交流協同の近年の特性

沖縄内外の交流協同関係の近年の特性を見ていこう。

まず直接的な形での国家（国）による関係の比重が低下していることである。一九世紀後半、日本政府の統治下に入って以降、沖縄外との関係のなかのかなりが国家管理のなかで展開された。戦後の米軍統治下においても、国家に準ずる存在としての米軍による管理下に置かれた。「復帰」後は、形の上では、国家管理下に置かれるものが減少した。とはいえ、政治的軍事的に重要な問題では、依然として日米両政府の管理下に置かれ続けている。

経済面でいうと、形の上では自由経済ではあるが、「基地経済」「公共投資」といわれるような形で、国家管理の性格が強いものが高い比重を占める事態が残った。また、「自由」であることが弱肉強食の競争を促進するために、本土大資本の進出のなかで、それらが占める比率が高い状態が続き、沖縄資本の比重は、地元の期待通りには高くなっていない。とはいえ、一応の自由のなかで、直接的な国家間関係以外の多様なレベルでの沖縄内外の関係が築かれてきたし、徐々にではあるとしても拡大し沖縄経済の中心的位置に坐るようになった。その典型が観光産業である。

そして、沖縄県という国家とは異なるレベルの行政機構が、日本政府に異議を唱えることがしばしばであることが注目される。無論、多くの場合、日本政府の主張が通り、沖縄の意思を代表しようとする沖縄県の要求の実現が阻まれてきた。

それでも、沖縄県の諸機構が、県外と多様な関わりを持つことが増加してきたといえよう。基地問題でアメリカ本国に要請活動を展開するのはその一つだろう。また、世界のウチナーンチュ大会が典型だが、海外とのかかわりを促進する動きを強めてきた。同様に、市町村などの自治体も、独自に沖縄外とのかかわりを築く例が増えている。他府県や海外に姉妹都市をつくって交流するのはその例だろう。

企業が経済活動を他府県、海外との間で展開するのは、ごく日常的なことだろう。とくに、沖縄がもつ物流上の有利な条件を生かす企業は多い。沖縄から中国などアジアに進出する例も増えている。あるいは、ハラール認証を得て、イスラム地域からの観光客を呼び込むのもその一例だろう。

また、国際的なNGOを典型例として、多様な組織が沖縄外との関係を発展させている。また、JICA関係者経験者の活躍がしばしば目立つ。文化芸能面では、通信や交通の発展のなかで、海外交流、他府県との交流は日常的なこととなっている。そして沖縄文化の存在感が高まる地域が日本国内のみならず海外でも広がっている。

また、血縁などの親族関係がかかわって、他府県や海外との関係をもつことは、ごく日常的なことだろう。沖縄内と沖縄外との結婚などは、いまではかなりの比率になってきている。こうした展開は、個人レベルで沖縄外と沖縄内との相互関係をもつことの比重の高まりと並行する。進学就職旅行などといった形の移動が日常化しつつあり、交通・通信の安価化日常化がそれを促進している。

こうした点でいうと、沖縄外と沖縄内との関係構築にあった「障壁」（ハードル）が低くなってきているともいえよう。それは、沖縄外と沖縄内との間にある境界を超える、あるいは境界を無視する、ないしは境界を意識しないということでもある。

境界を超えるうえでの障壁

その障壁、境界にも、多様なレベルがある。

まず、権力によるものがある。本書で繰り返し述べてきたことでいうと、外的支配に基づくものが多い。近代国家成立以降でいうと、パスポート、ビザがわかりやすい例である。その発行・不発行によって、個人を規制するものだ。そして、障壁の圧倒的なものとして国家間戦争が存在している。加えて基地の存在もそうである。国家管理による金網や検問所が、自己の土地であっても行き来できなくしている。

とはいえ、「日本復帰」後は、他府県との行き来にパスポート・ビザ（身分証明書）などが不要となり、日常的に行き来する人は激増した。それだけでなく、観光も含めて海外と行き来する人も激増した。それだけに逆に国家によって作りだされる障壁が目に見えやすくなり、不満の声は広がる。

次に、交通・通信によるものがある。ここ数十年間の通信の変化は著しい。一九七〇年代半ばまでは、沖縄と他府県間の電話は、長時間待ってやっとつながり、料金も何千円というように、緊急時以外の日常使用を阻むものであった。県内の離島と沖縄本島間の電話にしても、通話中に電波障害が発生し、聴き取れないことさえあるほどだった。そうした状況が、近年では低料金ないしは無料で通信できるほどまでに変化した。

交通にしても同様である。他府県ないしは県内離島と沖縄本島との交通で、飛行機に乗れるのは特別の人に限られ船が通常であった一九七〇年代前半までと事情が大きく変化した。といっても、沖縄では、海が障壁になる時代にあっても、逆に海を多様な地域とつながる手段にしてきた歴史がある。距離が離れていることを障壁にしないで、多様な地域とつながる心性が今日まで継承されている面を見落としてはならない。

障壁——経費

近世において、境界を超えて行き来する人は、士族とくに沖縄外とつながる役目を持つ人々に限られがちであったが、明治以降になって多様な行き来・つながりが見られるようになった。沖縄内外の各地にでかけた漁民もその例だろう。また、進学就職出稼ぎ徴兵などで他府県に出かける数も増加してきた。そのなかには、出かけ先に移住する人も出てくる。

そうした行き来のなかでも、社会的に大きな位置を占めたのは移民であった。その数が多いだけでなく、沖縄内の大半の地域が移民を送り出し、家族親戚知人のだれかが移民したといえるほどの状況に至った。なかには、「南洋」群島のように、移民なのか移住なのかの区別が微妙な地域もあった。また戦後において、沖縄本島や宮古から八重山に出かけた例も移民なのか移住なのか、微妙である。

そうした行き来・移住・移民には、かなりの経費が必要とされた。だから、当初は経費を調達できる富裕層・特権層に限定された。明治期に東京などにある学校への進学が典型的である。

しかし、富裕層特権層ではない人々に広がると、移民にかかる経費の調達問題が前面に出てくる。

より高収入を得るための移民に必要な経費が出せる層の移民がある一方で、生活苦からの移民の場合、経費をひねり出すために、田畑などの土地を売る例が増え、経費調達が障壁となってくる。

進学の場合は、多くの場合、授業料・生活費だけでなく、在学中はそれほど働かなくても差し支えないという条件が必要であったから、高度な金銭的障壁があった。さらに、進学に必要な教育履歴を持つに至る教育費も加わる。

そのなかで行政機構を含む権力側が必要とする移民移住の際には、補助金提供などで強い勧誘が行われた。米軍基地に土地を取られて裏石垣移住を勧められた読谷村民の事例がそうである。しかもマラリアが根絶されない事態に、沖縄米軍トップのオグデンは、裏石垣に通じる道路敷設に特別予算を提供する（通称オグデン道路）などの施策を講じる。

沖縄と愛知との賃金格差および雇用機会格差が歴然と存在するなか、一九八〇年代以降増える愛知県などでの「キセツ」（自動車産業を中心とする季節労働者）は、近年の金銭障壁問題を示すものといえよう。それは、移住移民ではなくて、それ以前の出稼ぎ同様、短期にかなりの収入を得るための一つの有効手段となった。九〇年代以降、キセツで大学学費などを取得する事例が広がる。自分で稼いだ収入で、学費と在学中の生活費のほぼすべてを賄う例は、日本では少数派だろうが、沖縄ではよく見られることなのだ。それは、近年の沖縄らしい実例の一つと言えるかもしれない。そのキセツにしても、従事するために一定の学校履歴を持つことが条件であり、貧困層にはできないことだった。

このように、移民移住出稼ぎキセツ、さらに進学にも、一定の経済力が必要という障壁が存在してきた。そして、一定の「学力」＝教育履歴が求められてきた。こうしたことが、二一世紀に入って以降では、格差貧困問題として表面化してきている。格差貧困問題が経済上の問題にとどまらず、沖縄外との交流・つながりにおける格差をもつくりだしているのだ。

言語・文化――障壁になる場合と豊かさを生み出す場合

言語をはじめとする文化の違いが、沖縄と沖縄外との交流・つながりを促進し豊かさを生み出すこともあれば、障壁になることもある。

これまで見てきたように、沖縄は多様な言語・文化が流入・交流する場となってきた歴史をもっており、そのことが沖縄外の多様な地域との交流・つながりを促進し、沖縄内の言語・文化をより豊かなものにしてきた。

だが、逆に障壁となることもある。とくに、沖縄の言語・文化が否定的なもの遅れたものとみなされ、日本本土の言語・文化への同化が求められるようになった一九世紀末以降、障壁と見なされることが広がり一般化してきた。たとえば、他府県からの移民者との関係の中で、移民先で日本共通語を使用することが求められた沖縄からの移住者には沖縄語使用が抑制された。そして、自らの沖縄文化・沖縄の言語にコンプレックスをもたされ、沖縄出自を隠そうとし、改姓するなどの動きも作りだされた。それは移民先に限らず、他府県でも、あるいは台湾でも、さらに沖縄内においてさえも見られた。

これらは、沖縄の言語・文化が障壁とみなされた典型といえよう。にもかかわらず、移民先で沖縄語・沖縄文化の保持継承に努めた沖縄出身者は多く、それらが、今日のように世界のウチナーンチュとして誇りをもつことの源流を作り出すことにもなっている。

沖縄外とのつながりのなかで、複数言語を習得し、複数文化を豊かに駆使してきた歴史がある。あるいは沖縄内にあっても、シマクトゥバと首里言葉（沖縄共通語）のバイリンガルの人たちがいたし、江戸言葉・薩摩言葉と沖縄語とのバイリンガル、中国語と沖縄語とのバイリンガル、人によっては、これらの言語をトリリンガルで使う人もいた。

そうしたバイリンガル・トリリンガルの歴史は、戦後においても、日本語と英語とをバイリンガルで使うアメラジアンを典型として広く見られるように継続している。なによりも、多くの沖縄住民が、シマクトゥバと日本共通語とのバイリンガルであり続けていた。

言語・文化の違いを障壁ではなくて、豊かさを築くものと受け止めることが継承発展させられてきたのだ。ところが、学校を含む公的機関ではそういう態勢にいまだなっていない。二一世紀に入るころから、学校でもシマクトゥバを教える機運が高まっているが、それが変化のきっかけになっていくだろうか。

世界を見ると、複数言語を公用語として使用し、学校で教えている国は多い。ニュージーランドのように、先住民のマオリ語、後から移住してきたイギリス系の英語、さらには、手話をも公用語に加えている国も存在する。

そうなるには、数々の困難がありそうだが、時代はそういう趨勢にあるといえよう。二〇一〇年代半ばになってアジア各地からの観光目的での来沖者の激増は、言語・文化面でも新しい機運を作り出していくだろう。そして一時的な来沖であっても、それをきっかけにして長期滞在や移住を生み出していくかもしれない。実際、沖縄の土地建物を購入する人々が目立つようになっている。

ふりかえって見ると、一九七〇年代以降の他府県からの観光来沖者の激増は、移住者の激増につながってきた。そうした人には、「沖縄病」になり、いったん他府県に帰った人でも、沖縄に繰り返し来訪し、ついには沖縄に住む例も多い。さらには、進学就職などで他府県に長期滞在した沖縄出身者のUターンも増えている。

その結果、現在の沖縄生活者のなかでの沖縄生まれでない人、あるいは沖縄外地域での長期生活の経験者の比率はかなりのレベルに達していそうだ。統計が見つからないので、推理するとしたら、一〇%どころではなく、二〇～三〇%以上になるのではないだろうか。戦前沖縄と比べれば、数倍どころか一〇倍を超すだろう。沖縄人口の継続増加は、自然増だけでなく社会増によってもたらされていることがそのことを物語っている。東京などの社会増が、金銭的な豊かさや雇用を求めてのものが多いのとは、対照的ですらある。

こうしたことが、シマクトゥバ使用を狭め日本共通語使用を広げる力学を働かせるのだろうか、それともバイリンガルを高める力学を働かせるのだろうか。言語については判断が分かれるが、広く文化ということでいうと、沖縄らしい文化を豊かにする方向で作用しているといえよう。

以上の障壁に加えて、つながりの有無多少が、沖縄内外の交流協同の創造を左右する。両者間の婚姻関係の増大がそのことを象徴するだろう。彼らの間に生まれた子どもたちには、沖縄にアイデンティティをもっているものが多い。こうして沖縄らしさが新しいレベルで再生産されていく。

そうしたなかで、外的支配とかかわって作られた「沖縄脱出」「沖縄コンプレックス」を生み出した「心の壁」めいたものは、どうなっていくのだろうか。基地問題を軸に未だに続く外的権力による沖縄支配が否定的要素を強める一方で、新たな沖縄と沖縄外とのつながりが形成されており、両者間の揺れの中に現在の沖縄は置かれているといえよう。

沖縄内か沖縄外かという二分論の低下

沖縄内外との交流協同の広がりは、両者を分けて捉える二分論の比重を下げていく。とくに両者を対立構図で捉えるありようの意味を下げていく。それは両者の境界を弱めるものでもある。

しかし、国家が決める、ないしは国家間で決める「領土」面では、境界を鮮明にし強いものにしようとする。境界（国境）をめぐる政治面軍事面では二分論は今なお強いのだ。といっても、その境界も歴史が示すように、かなり移動してきたし、不明のまま続いてきたところもある。

だが、経済面生活面文化面でいうと、境界を超える、ないしは無視するものが多いし、境界の移動・伸縮は激しい。そして、境界が客観的に存在するというよりも、人々それぞれがもつ主観によって移動消滅強化が行われることが多い。

これまで述べてきたが、越境・境界無視の広がりは、沖縄というまとまりのありようにおいて、以前とは異なる形への変化が進行することにもつながる。国家対国家という構図でとらえるのか。国家のなかの一地方ととらえるのか。国家のなかで、自己決定権を有する独自の位置にあるととらえるのか。国家とは次元の異なる地域ととらえるのか。国家との関わりは保留して、より多様な地域との関係での一つの地域ととらえるのか。グローバリスムやリージョナリズムの世界的な広がりの中で、ユニークな地域としてみるのか。政治面では～～～、軍事面では～～～、文化面では～～～、といった多層的な存在として捉えるのか。こうした多様な視点による検討が求められる。それは、沖縄外の諸地域をどうとらえるかによる違いとも結びつく。たとえば、北海道を日本という国家とのかかわりでどのような地域ととらえるのか、あるいは関西という地域をどうとらえるのか、ということでもある。

それらにかかわっていうと、日本という国家（国）のありようのなかでは、沖縄は他地域とは異なるユニークさを強く持っている点の評価にかかわる問題が存在する。そして、これらの問題には、事実としてどうなのかということと、追求創造したいものとしてどうなのか、という二つのレベルが存在する。

2．激動する現代における沖縄

長期的視野――金銭商品過剰依存と文化・人間関係の豊かさ

沖縄は強い外的支配に置かれてきた歴史をもつが、そのなかでも「それにもかかわらず」「それをものともせず」「したたかに」「柔軟性をもって」「ふくらみをもって」「豊かな多様さを含みこんで」などと表現される特性が、沖縄らしさの指標となってきた。それらは、「沖縄が統一性・単一性をもつことを前提にして、沖縄についてひとくくりにして語ってよいのか」という問いにも通じる。

すでに述べてきたように、士族と百姓という身分による差異は大きかったし、地域による差異も大きい。今日の時点でいうと、沖縄内の格差が大きく表面化してきている。経済的に沖縄は貧困であるというが、沖縄内の格差は、日本の他府県の中における格差と比べても大きいことが指摘されている。多様さを豊かにもつそういう沖縄を、ひとくくりにして語ることは、沖縄把握の粗さを生み出してしまう。そうした沖縄内の差異は、時として沖縄外とのつながりの関係での差異としてあらわれることがある。

そして、一九八〇年代から本格化した世界的な社会変動は巨大なものであり、それは現在もなお継続している。そしてより複雑化し劇的なものになっており、数年後さえ予測できる人はそれほどいない。そのなかで、政治分野はともすれば短期の利益にこだわっての主張が幅を利かしやすい。だからこそ、長期的視野をもって、沖縄・沖縄的を考えて行動することが重要になる。たとえば、次のようなことを視野に入れたい。

金銭・商品に依存した生活や文化のありようは、もはや過剰レベルに達している。二〇世紀後半の経済成長のなかで「右上がりが当然」という思考が、社会のなかでも個人のなかでも固着している。そしてそれが、自然と人間の関係、人間相互の関係を激変させ、崩壊させることさえ生まれている。そのなかでは、「自然の流れに合わせて」などという発想が抑え込まれてきた。そして、自然を基盤にした生活や文化が縮小し、代わって金銭・商品を基盤にした生活や文化が支配的になるに至っている。

沖縄は、人間と自然の関係および人間相互の関係の豊かさ、それらに基づく生活と文化の豊かさが、多くの人をひきつけてきた。それが「リゾート」「癒し」「人間回復」を求める大量の観光者移住者を、沖縄に招きいれる要因になってきた。しかし、それらでさえ、過剰に金銭・商品化されつつある。そのなかで、生活や文化が金銭・商品を従属させるのではなく、逆転して金銭・商品が生活や文化を従属させているのではないか、という疑いが広まっている。

人間関係についても前出の沖縄県民意識調査報告書（一五ページ）によると、「あなたの隣近所との付き合いはどの程度ですか」という設問に対して、二〇代三〇代では、「普通に会話する程度」が減少し、「あいさつ程度」が増えているという。そして都市化傾向が進む中南部地域で「とても盛んだ」が低い状態にあるという。

個人レベルにおいて、経済力と人間関係力とが重なり合う存在である模合が沖縄的なものとして長く注目されてきた。経済力不足を人間関係力で補う、ないしは、経済力にかかわることも人間関係力がらみで追求するとでもいえそうだ。金銭商品依存の深まりが模合を増加させるとも言えるだろうし、金銭商品依存の問題性を模合という人間関係レベルで打開するものとも解釈しうるものである。前出の調査によると模合について「二〇〇一年の初回調査から『している』『していない』のどちらの回答も四割前後で推移している」（一七ページ）とあるように、依然として根強いものがある。ただ、二〇一六年調査では、「以前はしていたが、今はしていない」が過去最高の一七・九％で、減少傾向をにおわすものとなっている。

これらの傾向が今後どのように進行するのか、人間と自然との関係、人間相互の関係についての沖縄特性をどうしていくのだろうか。

一九六〇年代の日本本土の高度経済成長の流れから少しは影響を受けたが、当時の沖縄では基地依存といわれる独自の歩みであった。しかし、「本土復帰」後、右上がり経済成長の流れのなかに、しばしし遅れて入り込んだ。そして、「本土並みに」「本土に追いつこう」というので、賞味期限が切れかかっている（ないしは賞味期限切れの）右上がり経済成長を求める観念が、沖縄では二〇一〇年代後半の現在もなお強い。

そのなかで、象徴的には、「飽食」という言葉が示すような「過剰」が広がる中で、生活習慣病を作りだすような食生活が生まれている。と同時に、沖縄内格差の広がりがみられ、一方で飽食、他方で栄養不足事態が広がっている。

だが、世界的に見ると、ハード中心・量的追求中心の経済から、文化・生活中心で質的豊かさ（幸福）を追求するソフトの経済への転換が模索され始めて、すでに一〇〜三〇年も経過している。

そんなことを考えていくと、「金銭が示す経済でいうと、沖縄は低所得であり貧困である。だが、金銭に限らない目安で見る時、簡単に貧困とはいいきれない面があり、逆に素晴らしく豊かではないのか」という問いかけがあってもよいだろう。たとえば、自然の豊かさ、人間関係の豊かさ、文化の豊かさ、あるいは、自然・人間関係・文化と結び合った生活における豊かさがあるのではないか、という問いかけだ。東京などの大都市スタイルの生活を沖縄でしようとすれば、沖縄の物価は決して安くはない。だが、自然や人間関係と結び合った生活文化を豊かにするなら、つまり金銭に過剰依存する生活から離れるなら、事情は大きく変わる。

ところが、沖縄においても、「金銭的に評価されないものが放置され、過小評価され、破壊され、それらがもつ豊かさを手放し、貧困化が進んではいないのか」という問いかけが必要となってきている。そして、貧困や格差への対応についても、金銭的な視点だけでなく、文化力、人間関係力の視点からも追求していく必要があろう。

長期的視野――人口減少・高齢化

第一章3でも触れたナンクルナイサについて、沖縄における健康問題を追究している宮城政也は次のように述べる。まず「ナンクルとはそもそも〝自然〟という意味を持ち、人はやるべきことをしっかりやれば、後の結果は自然の流れに身を委ねることが世の万事に通じること」（三八九ページ）と述べる。そして、統計調査にもとづき、「沖縄県民の楽観的な傾向は他府県に比べて高いこと」（三九四ページ）を示したうえで、沖縄での生活習慣病の増加に触れて、「楽観主義者（オプティミスト）は健康であるとのこれまでの知見と異な」（三九七ページ）り、「楽観的傾向が高くても特に〝実際の健康状況〟は必ずしも良好であるとは限らない可能性を示す」（三九七ページ）調査結果を報告している（宮城政也「ナンクルナイサと健康問題を考える」琉球大学編『知の源泉』沖縄タイムス社、二〇一三年）。

沖縄における平均寿命の全国比での順位の低下のなかで、医療関係者を中心にこのような指摘が続くようになった。他にも、長寿や健康を支えるものとしての人間関係が豊かであったはずの沖縄で、それが低下しつつあり、沖縄の人々の健康や長寿に警鐘をならす記述が、二一世紀に入って続いている。

こうしたことは、先ほど述べた金銭・商品に従属した生活・文化の拡大と結びついているだろう。医療福祉分野では、こうした視点からの検討がはじまっているが、医療福祉に限らず、生活・文化の全般にわたっての検討が求められていると言えよう。

加えて、先進国全般に共通する課題として少子高齢化問題が、沖縄にあっても前面に出てきている。それは、人々の生活の仕方、生き方、人生のありように、いやおうなしに変更を迫りつつある。

一つに、六〇歳代以上において、仕事、日常生活、介護などを含めて、どのように生きるかというテーマをめぐる創造の必要が、かつてない規模で迫ってきている。

二つ目に、四〇歳代五〇歳代において、多くの人が、繁忙と不健康な生活にある状況、にもかかわらず宮城政也が指摘するように、「ナンクルナイサ」といってすませている状況に対してどうするか、などといった問題が表面化している。

三つ目に、子ども・若者世代についてである。日本の全国比でいうと、出生率が高い沖縄といわれながらも、いずれ自然減状態になり、社会増でカバーして人口減を止める状態も長くなく、早晩沖縄も本格的な人口減少時代に入るだろう。そのなかで、子ども・若者をめぐる格差・貧困問題がようやく重大な問題として認識されはじめたにもかかわらず、かなり以前の策の延長で対応するまで、社会構造問題として対処する動きは未熟なようである。

そして、以上の課題に対して、依然として「右上がり」発想での対応が継続しているようだ。

また、地震津波台風といった避けることのできない災害だけでなく、地球温暖化などに誘引される災害の巨大化が沖縄を包みこんできている。戦争、基地による自然破壊だけでなく、経済産業・

生活など現代人の日常的営みによる自然破壊が劇的に進行していくことへの対処は避けて通ることの出来ない課題となっている。

それは沖縄の主要産業である観光産業の資源劣化・悪化をも伴う。沖縄観光、とくに自然とかかわる分野においては、観光客増加は単純に喜べない問題になりつつあり、コスタリカがしている入域制限のような観光資源保持対応が欠かせない。適切な生活人口と入域人数を問う時期になっているはずだが、右上がり経済観念のなかで、そのことが課題意識になっていない懸念さえある。加えて一九九〇年代まで制限給水が日常化していた水供給であるが、断水再開の心配が再来しそうな事態が出てくるなかで、深刻な検討が求められてくるだろう。

半世紀続いた観光の時代は、いずれピークが訪れるだろう。では、観光の次に来るものはどんなものだろうか。それらの変化は、人々のライフスタイルをどのようなものにしていくのだろうか。

グローバル化と政治動向のなかで

現在は経済のグローバル化のなかで、新自由主義が猛威を振るっているが、近年ナショナリズム的な動きも強い。と同時に、東アジア、東南アジアなどといった、地域連携地域連合的な動きも広がっている。そうした変化のなかで、近隣地域の交差点的な位置にある沖縄が、どういう役割をとっていくのだろうか。

グローバルな動きは、国単位を越えることに特徴がある。それは、より大きなものへと広がるだけではなく、より小さな単位における外へと広がる動きをも促進する。そのことで、様々なレベルでのつながりが国単位の動きとかかわりなく拡大していく。

また、国政と沖縄政治との間にあるずれ・ねじれが目立っている。さらに、個人レベルないしは小グループや小組織単位での動きが加速している。企業が中心となるビジネスだけでなく、多様なテーマでのNGO、NPO組織の活躍もその例だろう。

二〇～三〇年以上という長いスパンで見るなら、アメリカ中心の軍事を含む世界政治のありようが大きく変わっていく可能性がある。その中で、沖縄の基地問題はどうなるのか？　戦争と平和の問題はどうなるのか？　アジアとの関係はどうなるのか？

民主主義のありようも、選挙を通してだけでなく、参加型民主主義の動向が高まってきている。と同時に、権威主義的支配の動向も強力に存在する。また、世界的に見るようになった人気取り政治（ポピュリズム）の動向は、沖縄ではどうなのだろうか。民主主義、福祉国家、多文化主義などといったものとのからみあいはどうなっていくのか。日本本土における政党・政権構図も、ここ三〇年近くで大きく変化してきたが、沖縄ではどうなっていくのだろうか。

他地域における動向と沖縄・沖縄的との間には違いが存在するが、その違いは、同一の流れのなかでの時間の違いととらえられるのか、そうではなく、流れそのものの違いととらえられるか、それとも二者択一ではなく、両者がからみあっているのか。検討すべきことは多い。

沖縄的生き方ができあがる

現在進行中の激動における一つの注目点は、「個人化」といわれる動向であり、これまでの人々のつながり方に大きな変化を生みだしている。そして、社会がもつ標準的とされるありようは巨大なシステムになっているが、それに沿って生きて行けば、これまでのようになんとかなるというものではなくなり、個人一人一人が常に振り返り、自分の生き方を調整していくありよう（再帰的個人化）が求められている。そして、それと結びついた人間関係づくりが志向されてきている。

沖縄の子ども若者に焦点をあてていうなら、巨大なシステムの象徴として存在する偏差値型テスト中心型の学校システムに飲み込まれたのは、一九八〇年代であった。それは、第二章6で述べたストレーター型人生を歩むことが標準とされる事であった。大学生に「出身はどこですか」と尋ねると、七〇年代までは〇〇高校と躊躇なく答えるのが多かったが、九〇年代以降になると、高校名で応えるのが減少していく。それは、高校名が偏差値序列での自分の位置を示すこととなり、人生の若い段階で自分の位置評価を受け入れることにつながるからである。そうした巨大システムが、子ども若者の人生を保障してくれるかというと、それは大変限られたものである。終身雇用制の安定した仕事につけるのは、とても限られ、非正規雇用に就いたり、転職を重ねたりする人が多い状態が続いている。

そうしたなかで、巨大システムのもと「指示待ち人間」化し、競争にかける形で生きるのか、新たなつながりを創造し、さらには社会創造に参加していく中で、一人一人が自らの生き方を創造していくのかが、現実的なテーマとして登場してきている。それは、教育を含めた文化のありようと深くかかわる。さらには、生き方と福祉と文化とが相互に関わりつつ、社会のありかた、政治のありかたとしても問われ始めている。

こうしたなかにあって、沖縄内外に住み生活する人々も、これまでの沖縄的なものによりかかりつつも、ないしはその刻印のある文化をもって行動していくとしても、新たに多様な人々や動向と出会い交流するなかで、自分なりの沖縄的なもの、ないしは沖縄的とは限らないものを作りながら生きていく。そうした個人の総体として、社会的な意味での沖縄的ができあがっていくだろう。

各地に存在してきたコミュニティもこれまで以上に激動の嵐にさらされていく。一方では、旧来のものの希薄化消滅が進行するが、他方では、多様なつながりの場としてのコミュニティ創成の動きも広がる。そうした多様なコミュニティを作りだすのが、沖縄的特性なのだといってもよいだろう。

そして、伝統的に存在していた沖縄的なものを継承するということ以上に、沖縄にすでにあるものを含めて複数の文化を掛け合わせて、つまりチャンプルー性を生かしつつ、新たなものを創造することが増えそうである。

それは、あれかこれかではなく、複数のものを交流させて、新たなものを創造する、という形になろう。そうした「創造を促進する文化が豊かな沖縄」という捉え方が求められそうだ。歴史的にもそうであったし、現在、その条件が豊かになってきている。そこで、沖縄だからこそ見えるもの創造できるもの、そういった先駆的なものができてくることが期待される。

それを伊波普猷の言葉を借りていうと、「つくる」ものではなく、生活の中で「できあがる」ものであるので、先が読めないものかもしれない。

前出の「沖縄県民意識調査報告書」(二三ページ)は、次のような報告をしている。

「沖縄県民の特性についてどうおもいますか」（3つまでの複数回答可）で、次のような回答が示された。一〇％以上のものを並べよう。

人情が厚い	五八・〇％
のんびりしている	四八・三％
助け合いの精神が強い	四六・一％
付き合いが多い	二四・一％
時間にルーズ	二三・二％
素朴である	一六・八％
厳しさが足りない	一四・二％

こうした特性は今後どのようになっていくのだろうか。ここには現時点での沖縄の人々のありよう、ないしは自己意識が映し出されている。

3．沖縄のもつ豊かさを創造し発信する

歴史を振り返ると、薩摩支配、琉球処分＝琉球併合、沖縄戦、米軍支配、米軍基地の存在など、沖縄の存在自体を危うくする事態が圧倒的な力をもって作りだされたことが目立つ。それらは沖縄

的なものを住民自身の意思でつくり表出することを抑制したり、逆に沖縄的なものを沖縄支配の道具として使ったりすることもあった。と同時に、沖縄自身が、沖縄のユニークさ、豊かさを内外に向かって発信してきた歴史をもっている。そのため、抑制と発信とが対立葛藤する時代も長い。

こうした歴史を見すえつつ、ユニークな存在としての沖縄を否定しようとする動向に対抗して、沖縄のもつ独自性、ユニークさを認めさせ、沖縄的なものを守る活動にとどまらず、多様な豊かさを持つ沖縄が外に向かって発信していくことの優位性、ないしは責任というものを視野に入れたい。

そうしないと、支配されるか支配されないかにとどまらず、逆に外部を支配する側にまわる落とし穴に入る危険性さえある。沖縄の歴史の中で、辺境地域に対して支配的な行動を取ったり、あるいは、日本の一部として外部地域の支配にかかわってきた歴史をもっているからである。支配の被害者としての認識は強力に存在するが、加害者としての自己認識は、いまだ弱い点が気になる。

と同時に、沖縄内と沖縄外の二分論に陥ることにも警戒が必要である。沖縄では、内外の多様な動きが流動し合い、交流・協同を生み出したからである。そのことに沖縄の豊かさがあるといえるほどだろう。その意味で、そうした立場、位置にある沖縄の責任として、どのような流動的動き、交流・協同を平和的に作りだすのかという追求が求められよう。それは豊かさをもつものの責任だろう。

それは、目立ちやすい沖縄をめぐる政治を軸にする諸制度だけの課題ではない。さまざまな社会組織、さらに個人にとっての課題となっている。そしてそれは、沖縄各地のローカルな場で育まれているものをグローバルな動きに噛み合わせて発信することでもある。

またそれは、グローバリズムとナショナリズムの絡み合いがもつ国単位思考の比重を下げるという事でもある。二〇世紀は、国単位思考で成長し、対立矛盾が沸騰し、豊かさと同時に大量の悲劇を作りだした時代である。二一世紀は、二〇世紀の悲劇的な負の側面を越えて、新たな創造に向かう時代だろう。二〇世紀において豊かさを得つつも、圧倒的な悲劇を負ってきた沖縄が、二一世紀にあってどのような役割をになえばよいのだろうか。

たとえば、日本の二〇世紀は、ナショナリズムのなかで加害被害の双方において、悲劇的歴史をもったが、二一世紀にはいってもなお、そのくびきから抜け切れず、「再び〜〜」の危機を再燃させようとする動きさえ大きくなりつつある。それに対して、沖縄はかなり異なる視角から重大な問題提起をする立場にある。たとえば、日本のナショナリズムを相対化する役割があるであろう。その時に、沖縄ナショナリズムめいたものが強調されることがあるが、それは二〇世紀の枠組みに後戻りするものだろう。

二〇世紀後半の日本でモデルとされた終身雇用型人生をもてた沖縄住民は、人口比率でいうと少数だが、その多くは、標準とされた巨大システムに沿う社会的政治的に強いられた人生だったかもしれない。そういう生き方が陥りがちな「指示待ち人間」的生き方とは異なる生き方を、沖縄の財産ともいわれる豊かなつながりをつくることをバックにしつつ、創造的な人生へと転換する動きがつくられつつある。

それと並行して、個人のレベルでも社会のレベルでも、創造的な活動を展開して、新たな沖縄・沖縄的を創造する動きも広がっている。それは、外部支配への抵抗として「島ぐるみ」での統一性をもっての営みであるとともに、逆にチャンプルー性・多様性をもって、統一性を画一性・支配性に陥らせずに、沖縄内外に沖縄を多様に発信していくことでもあろう。

ここ四〇〇年余の沖縄の歴史は、当時の人々にとって「青天の霹靂」のようにやってきた外部支配に対して、沖縄に生活し、沖縄にかかわる人々によるしたたかで、たとえ試行錯誤的であったとしても創造的な営みによって彩られてきたといえよう。これまでがそうであったというだけでなく、今後もそうなっていくことだろう。

あとがき

どうやら大風呂敷を広げた本になったようだ。それだけに本書が沖縄にかかわって、どんな所に位置し、どんな役割を果たせるのだろうか、という問いが湧いてくる。私個人の四〇年以上前の問いからスタートした本書だが、沖縄自身の問いとも重なっている所がかなり多いと思う。

それらの問いへの答えは、おそらく沖縄・世界・個人のこれから進んでいくありように大きく左右されるだろう。それは、おそらく今後一〇〜二〇年かけて明らかになってくることだろう。そんな長い時間を要するのは、沖縄・世界・個人が激動状況にあるからだ。

明瞭な予断は許されないとしても、こうであってほしいという期待は出せる。多様な所から出てくるそれらの期待が、どんな視野・展望のなかで、どんな特性をもっていくのか、という見取り図を提示することが、本書にかけた私の願いでもある。

また、本書には、「こうでもないし、ああでもない」「こういうこともあるし、ああいうこともある」といった調子の記述が多く、スパッとした主張を出していないので、読者をいらいらさせたかもしれない。「沖縄は○○だ」と言い切る論調に出会うことがあるが、沖縄は一筋縄ではいかない多様さをもっており、その多様さが豊かさを生み出している。だから、その多様なものから意味あるものを発見し、さらにそこから新たなものを創造することが重要だろう。

そうした発見創造に多くの方が参加していただくための足掛かり手掛かりを本書が提供できることを願っている。

多様な分野と歴史を対象としたため膨らみすぎて、進めてきた作業の半分以上を割愛することになった。本書に収録できなかったものは、少しずつ公開していくつもりだ。それらについては、ブログ「沖縄南城・人生創造・浅野誠」http://makoto2.ti-da.net などに示していくので、参照していただきたい。

そして、今後の展開の中で明らかになっていくだろう沖縄の次のステージ、おそらく一〇～二〇年後には明らかになりはじめるだろうが、そのころまで私も作業したい。しかし、年齢上の理由で難しくなっていきそうだから、次代への期待になりそうだ。

本書成立までには、四五年以上にわたる沖縄内外の実に多様な方々との出会いがあった。出会いによる発見・討論の結果として本書がある。わけても、宮古島出身で長年連れ添ってきた浅野恵美子さん、近隣にお住まいで作家歴史家である大城将保（嶋津与志）さん、高文研の飯塚直さんには、最終原稿段階でアドバイスをいただくなど、とくにお世話になったことを記して謝したい。

二〇一八年四月　　著者

浅野　誠（あさの　まこと）

1946年岐阜県生まれ。その後、愛知・東京生活を経て、1972〜1990年の第一次沖縄生活、1990〜2004年の愛知生活、2004年以降の第2次沖縄生活を送る。
沖縄大学（1年半）、琉球大学（17年）、中京大学（13年）に勤務。加えて、非常勤講師15年余り。南城市文化センターシュガーホール運営審議会会長、南城市観光振興委員会会長、南城市史「民俗編」調査委員会委員長など、自治体の活動にも関わってきた。沖縄の学童保育クラブなどにもかかわる。
研究分野は、生活指導を中心とする教育学からスタートするが、沖縄教育、大学教育、授業・ワークショップ、グローバル教育、人生創造、地域起こしなどと広がってきた。

◉ブログ「沖縄南城・人生創造・浅野誠」　http://makoto2.ti-da.net
◉ホームページ「浅野誠・恵美子の世界」　https://asaoki.jimdo.com

主著：『沖縄教育の反省と提案』（1983年、明治図書）、『子どもの発達と生活指導の教育内容論』（1985年、明治図書）、『沖縄県の教育史』（1991年、思文閣）、『大学授業を変える16章』（1994年、大月書店）、『学校を変える　学級を変える』（1996年、青木書店）、『＜生き方＞を創る教育』（2004年、大月書店）、『ワークショップ・ガイド』（2006年、アクアコーラル企画）、『沖縄田舎暮らし』（2007年、アクアコーラル企画）、『沖縄おこし 人生おこしの教育』（2011年、アクアコーラル企画）など。共著書に『グローバル教育からの提案』（2002年、日本評論）など多数。

魅せる沖縄　私の沖縄論

●二〇一八年六月三〇日――――――第一刷発行

著　者／浅野　誠

発行所／株式会社 **高文研**
東京都千代田区猿楽町二―一―八
三恵ビル（〒一〇一―〇〇六四）
電話 03（3295）3415
http://www.koubunken.co.jp

印刷・製本／シナノ印刷株式会社

★万一、乱丁・落丁があったときは、送料当方負担でお取りかえいたします。

ISBN978-4-87498-652-3 C0036